神山啓史流
あきらめない弁護術
──伝承していく刑事弁護

神山啓史 編著
編集協力：神山啓史弁護士の弁護の「技(わざ)」を伝承する会

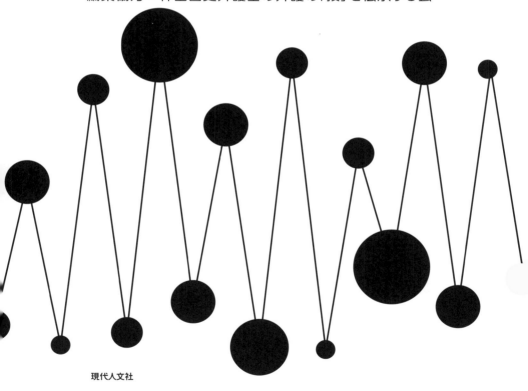

現代人文社

刊行によせて

理想の刑事弁護人

田岡直博　弁護士

　神山啓史先生とはじめて会ったのは、事務所説明会だ。当時、桜丘法律事務所は「事務所説明会」と称して、神山先生のゼミをやっていた。

　戸惑う司法修習生の前にいきなりアクリル板が置かれ、模擬接見が始まる。被疑者役は、神山先生だ。「あなた、弁護士さんですか」「早く出してください」そう問われても、ほとんどの司法修習生は答えられない。「大麻を持ってたら、捕まりました。今日、10日間勾留すると言われました。出られませんか」迫真の演技だ。

　司法修習生は困って、「10日間は出られません」などと答える者もいれば、「準抗告を申し立てます」などという者もいる。しかし、準抗告を申し立てるにも、理由が必要だ。被疑者から事実を聴かなければ、勾留の裁判が誤っているのかどうかを判断できるはずがない。「大麻はどこで、手に入れましたか」「家族構成を教えてください」「誰と一緒に住んでいますか」「仕事は何をしていますか」。このような質問をして、事実を獲得しなければならない。事実を獲得すれば、次は証拠だ。「父親と同居しています」と言っても、証拠がなければ意味がない。神山先生は「父親に会いに行け。話を聴け。なぜ、手を抜く」と容赦ない。そして、獲得した事実と証拠をもとに、「あなたは、勾留の要件はあると考えるか」と問うのである。

　神山先生はいう。「これは、職業訓練だ。弁護士には、技術が必要だ。人から話を聴く、事実をとる、証拠を作る。それができなければ、弁護士にはなれない」。

　衝撃だった。そうか、これが弁護士の仕事なんだ。弁護士の仕事とは、こういうものなんだ。司法試験には合格したが、何がしたいのかすら定まっていなかった自分にとって、神山先生の言葉は胸の奥にずしんと響いた。他の事務所説明会も回ったが、結局、神山先生のゼミが忘れられずに、2回、3回と事務所説明会に通った。桜丘法律事務所に入って弁護士になった後も、10回、20回と事務所説明会という名の神山先生のゼミを傍聴させてもらった。仕事に慣

れてきて、「この事件は準抗告を申し立てなくてもいいだろう」「今日は接見に行かなくてもいいだろう」などと甘い誘惑にかられそうになるたびに、神山先生を思い出した。神山先生に「本当に、やるべきことをやったのか」「やり残したことはないのか」「あなたは、それでいいのか」と問われると、自分の甘さを見透かされているようだった。「いかんいかん」「ぼくがなりたい弁護士は、こんなんじゃない」「こんなのは、弁護士の仕事じゃない」と思い直した。

　弁護士になって、20年余り。あのときの神山先生と同じ年齢になった。後輩を育てる立場になり、10人の新人弁護士を送り出した。4年前から神山先生にならって、ゼミを開いている。新人弁護士や司法修習生を相手に話をするたびに、自分のことを問い直す。自分はあのとき憧れた神山先生に、少しは近付けているだろうか。自分がなりたかった弁護士になれているだろうか。
　ぼくにとって、理想の刑事弁護人は神山先生だけだ。

（たおか・なおひろ／第55期／香川県弁護士会）

刊行にあたって

　2023年のある日、東銀座の居酒屋にて、神山啓史さんと弁護士会の研修講師をよく一緒に務める宮村啓太、高津尚美、髙野傑の4人は食事をしていました。その時にしたこんな会話が、今回の出版のきっかけです。

宮村　神山先生の弁護活動の記録は、どうやって保管されているんですか？

神山　大事な書面は段ボールに入れてとってあるよ。「神山啓史10番勝負」という事件があってね。そういう事件の書面は保管してあるよ。

高津　えー、見てみたい！

髙野　みんな見たいですよ、それ。

神山　いろいろやったよ。いろんな実験をやって、いろんな申立てをして。

宮村　神山流弁護活動といえば、徹底した事実と証拠の獲得ですね。僕が一緒にゴビンダさんの再審請求事件（東電女性社員殺害事件、本書第1部に収録）をやって、すごいと思ったのは、決してあきらめないところ。神山先生は事件を切れ目なく継続して動かしつづける。そうやって続けた15年間の弁護活動によって、ゴビンダさんの帰国と無罪確定にこぎつけたと思います。2人は、神山先生のどんなところがすごいと思う？

高津　楽しそうなところ！　神山先生は、どんなに困難な事件でも、工夫を凝らして、楽しそうに弁護活動をされますよね。先生の弁護活動の話を聞くとワクワクします。

髙野　神山先生といえば、先手を打って主導する、妥協しない、手を抜かない。そうだ、先生のこれまでの弁護活動の記録を、出版してくれませんか。

神山　何を言っているんだ！　僕が書きたいことは「五・七・五」（『五・七・五で伝える刑事弁護──その原点と伝承』〔現代人文社、2019年〕）の本にもう書ききったよ。まだ「五・七・五」の在庫もあるし。

宮村　神山先生がどんな弁護活動をしてきたか、みんな詳しく知りたいと思いますよ。実際に、神山先生の弁護活動から学ぶことはたくさんあります。若い弁護士たちに、もっと広く伝えていくべきだと思います。

神山　それなら、僕から後輩のみんなに伝承されるべきことは何かを君たちが考えて、君たちが本の構成を検討してよ。それなら僕も協力するよ。

こうして、宮村、髙野、高津は「神山啓史弁護士の弁護の『技』を伝承する会」を立ち上げました。神山さんから学んできたことを刑事弁護に携わるみなさまと共有したい、という想いからです。

　でもこの本は、正解や、マニュアルを伝えるための本ではありません。

　神山さんは依頼者のため、得るべき結論を目指し、考え、悩み、工夫を凝らし、時には反省する。そういう過程を、私たちに惜しげもなく見せて、闘かせてくれました。

　本に書いてあることしかできないわけじゃない。

　誰かがやったことがあることしかできないわけじゃない。

　神山さんの弁護活動は、弁護活動に限界がないことを教えてくれるのです。

　この本が、刑事弁護に携わるすべてのみなさまに、多くの発見と、勇気を与えてくれることを願っています。

神山啓史弁護士の弁護の「技」を伝承する会

＊

　これまで一緒に仕事をしてきた後輩に「理想の刑事弁護人」などと言ってもらえるのは、気恥ずかしくもありますが、ありがたいことです。

　でも、弁護活動のスタイルは人それぞれであってもよいはずです。この本を通じて、みなさんなりの理想を考え、みなさん流の弁護活動を作り上げていってください。この本がその参考になれば嬉しく思います。

神山啓史

神山啓史流あきらめない弁護術
伝承していく刑事弁護

目次

刊行によせて
理想の刑事弁護人　田岡直博‥‥‥‥‥‥‥‥‥‥‥‥‥‥‥‥‥3

刊行にあたって　神山啓史弁護士の弁護の「技」を伝承する会、神山啓史‥‥‥‥5

第1部
無罪獲得の弁護術
楽しくやって、あきらめない

第1章
東電女性社員殺害事件──その1（確定審）
[座談会]神山啓史・神田安積・鈴木郁子・宮村啓太‥‥‥‥‥15

1.東電女性社員殺害事件─どんな事件だったか‥‥‥‥‥‥‥‥‥15
2.無罪なのに勾留?‥‥‥‥‥‥‥‥‥‥‥‥‥‥‥‥‥‥‥‥‥‥16
3.一審無罪判決を受けて‥‥‥‥‥‥‥‥‥‥‥‥‥‥‥‥‥‥‥17
4.再勾留をめぐる攻防‥‥‥‥‥‥‥‥‥‥‥‥‥‥‥‥‥‥‥‥18
5.「否認しているから」再勾留‥‥‥‥‥‥‥‥‥‥‥‥‥‥‥‥20
6.逆転有罪判決‥‥‥‥‥‥‥‥‥‥‥‥‥‥‥‥‥‥‥‥‥‥‥21

第2章
東電女性社員殺害事件──その2（再審）
[座談会]神山啓史・神田安積・鈴木郁子・宮村啓太‥‥‥‥‥25

1.再審請求にあたって‥‥‥‥‥‥‥‥‥‥‥‥‥‥‥‥‥‥‥‥25
2.再審の重い扉を開けた神山流弁護術‥‥‥‥‥‥‥‥‥‥‥‥‥25

3. 再審請求後の弁護団の体制 ……………………………………………… 26

4. 決してあきらめない活動の継続 ……………………………………… 28

5. みんなで議論をして常に成果と課題を確認 ……………………… 29

6. 迷ったらやってみる ……………………………………………………… 31

7. 「証拠を創る」という発想 ……………………………………………… 32

8. 常に手続の主導権を ……………………………………………………… 35

9. 神山流弁護術からの学び ……………………………………………… 38

【掲載資料①】東京高裁 2000(平 12)年 4 月 20 日の職権不発動判断 ……………… 42

【掲載資料②】検察官の勾留職権発動申出に対する弁護人意見書 (2000 年 5 月 8 日) ·· 46

【掲載資料③】東京高裁 2000(平 12)年 5 月 19 日の勾留決定に対する
　　　　　　 弁護人の異議申立てに対する棄却決定 ……………………… 48

【掲載資料④】弁護人の特別抗告申立書 (2000〔平 12〕年 5 月 23 日) ………… 52

【掲載資料⑤】最高裁 2000(平 12)年 6 月 27 日の特別抗告棄却決定 ……………… 63

Column
再審請求を考えている事件の証拠物の保管　神山啓史 ………………… 27

ゴビンダさんからのメッセージ
私を励まし勇気づけた「ことわざ」 ……………………………………… 41

第2部
捜査段階・証拠づくりの弁護術
思いついたら、まずやってみる

第3章
神山啓史弁護士に聞く　捜査段階における活動
[聞き手] 髙野傑 …………………………………………………………… 71

1. 強盗殺人事件 ……………………………………………………………… 71

2. 傷害致死事件 ……………………………………………………………… 86

3. 殺人未遂事件 ……………………………………………………………… 92

4. まとめ ……………………………………………………………………… 96

第4章
神山啓史弁護士に聞く　証拠づくりにおける活動
［聞き手］高津尚美 ………………………………………… 97

1. 強盗事件 ………………………………………………………… 98
2. 草加事件 ……………………………………………………… 121
3. 名張事件 ……………………………………………………… 122
4. 草加事件——血液型 ………………………………………… 123
5. 名張事件——歯痕 …………………………………………… 125
6. 足利事件 ……………………………………………………… 126
7. まとめ ………………………………………………………… 128

Column
［刑事弁護日誌］3月31日　一勝一敗（名張事件と草加事件）
神山啓史 ………………………………………………………… 129

第3部
死刑求刑事件の弁護術
あるべきことは、遠慮も妥協もしない

第5章
オウム事件10講　神山啓史 ………………………………… 133

1. はじめに ……………………………………………………… 133
2. 第1講—黙秘：供述させて後悔しないか ………………… 133
3. 第2講—勾留理由開示公判：供述させなくて後悔しないか ……… 135
4. 第3講—起訴状の朗読：刑事訴訟法を守らなければ ……… 136
5. 第4講—公訴事実の認否：これで認められるか …………… 137
6. 第5講—書証に対する認否：原則は不同意である ………… 138
7. 第6講—伝聞例外に対する異議：結果はわかっていても …… 140
8. 第7講—鑑定：被告人の意思に反しても …………………… 141
9. 第8講—被害者尋問：検察官の不誠実さを正す …………… 143
10. 第9講—被告人質問：被告人の人間性を暴く ……………… 145
11. 第10講—弁論：この裁判に何を残すか …………………… 146

第6章
オウム事件第一審の弁論　神山啓史 ················151

1.弁論 ···············151
2.裁判員裁判の課題 ················203

第4部
裁判員時代の弁護術
被告人が分かる公判をやる

第7章
原則は不同意──調書裁判克服の実践イメージ
（『季刊刑事弁護』からの厳選論考①）　神山啓史 ················207

1.K弁護士、国選事件を受任する ················207
2.K弁護士、第一回公判を行う ················208
3.K弁護士、S修習生から質問を受ける ················208

第8章
黙秘権の確立をめざす弁護活動
（『季刊刑事弁護』からの厳選論考②）　神山啓史＋後藤 昭 ·····213

1.問題の所在 ················213
2.弁護活動のポイント ················213
3.理論上の課題 ················217

第9章
どんどん見せてもらおう──こんなことも証拠開示
（『季刊刑事弁護』からの厳選論考③）　神山啓史 ················221

1.記録を閲覧したとき ················221
2.同意・不同意を考えるとき ················221
3.証人尋問をするとき ················222
4.客観的状況をもっと知りたいとき ················223

5. 捜査状況をもっと知りたいとき⋯⋯⋯⋯⋯⋯⋯⋯⋯⋯⋯⋯⋯⋯⋯ 224
6. 検察官の証拠が採用されたとき⋯⋯⋯⋯⋯⋯⋯⋯⋯⋯⋯⋯⋯⋯ 224
7. 情状資料を得たいとき⋯⋯⋯⋯⋯⋯⋯⋯⋯⋯⋯⋯⋯⋯⋯⋯⋯⋯ 225

第10章
刑事弁護は経験から学ぶ
（『季刊刑事弁護』からの厳選論考④）　神山啓史⋯⋯⋯⋯⋯⋯⋯ 227

第11章
裁判「官」裁判傍聴記
［語り手］神山啓史、［聞き手］久保有希子⋯⋯⋯⋯⋯⋯⋯⋯⋯⋯ 229

1. きっかけ⋯⋯⋯⋯⋯⋯⋯⋯⋯⋯⋯⋯⋯⋯⋯⋯⋯⋯⋯⋯⋯⋯⋯ 229
2. 印象⋯⋯⋯⋯⋯⋯⋯⋯⋯⋯⋯⋯⋯⋯⋯⋯⋯⋯⋯⋯⋯⋯⋯⋯⋯ 230
3. 問題点⋯⋯⋯⋯⋯⋯⋯⋯⋯⋯⋯⋯⋯⋯⋯⋯⋯⋯⋯⋯⋯⋯⋯⋯ 230
4. これから⋯⋯⋯⋯⋯⋯⋯⋯⋯⋯⋯⋯⋯⋯⋯⋯⋯⋯⋯⋯⋯⋯⋯ 236

司法研修所で神山クラスだったみなさんにインタビュー!
神山啓史教官の教えと実践⋯⋯⋯⋯⋯⋯⋯⋯⋯⋯⋯⋯⋯⋯⋯⋯⋯ 239

教え子へのメッセージ　神山啓史⋯⋯⋯⋯⋯⋯⋯⋯⋯⋯⋯⋯⋯⋯ 247

本書のむすびにかえて
シンプルさは究極の洗練である　虫本良和⋯⋯⋯⋯⋯⋯⋯⋯⋯⋯ 248

編著者プロフィール⋯⋯⋯⋯⋯⋯⋯⋯⋯⋯⋯⋯⋯⋯⋯⋯⋯⋯⋯⋯ 250
神山啓史弁護士の弁護の「技」を伝承する会⋯⋯⋯⋯⋯⋯⋯⋯⋯ 250

第1部
無罪獲得の弁護術
楽しくやって、あきらめない

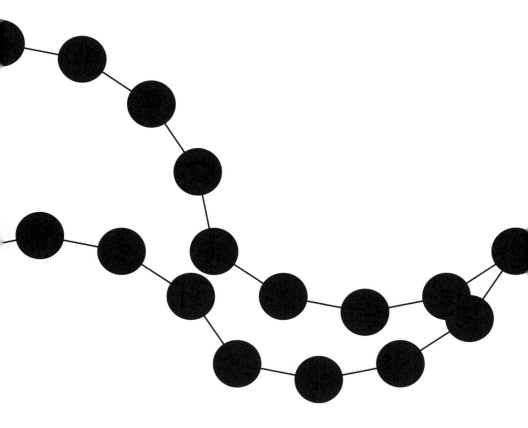

座談会風景（2025年1月10日）

神山 東電女性社員殺害事件、2000年4月14日の一審、東京地裁の無罪判決は本当に嬉しかったです。
　まさか、その後2012年11月7日に、東京高裁の控訴棄却判決を得るまで12年半も苦労するとは思いませんでした。

　　・無罪になったのに勾留されることについての闘い。
　　・逆転有罪になり、上告趣意書に添付した精子変化の実験。
　　・そして、有罪が確定して再審を請求し、月1回の弁護団会議を続けた根性。

　弁護士3年目に日本弁護士連合会の人権擁護委員会において再審手続に関与させてもらいました。
　その時に先輩から、「再審弁護団は楽しくやらなければだめなんだ」と教えられました。
　「再審事件はつらい。つらいと弁護士もだめになる。弁護士がだめになったら、誰が冤罪を晴らすんだ。だから楽しくやらなきゃだめなんだ」と言われました。
　弁護団を組む力強い仲間がいます。
　前も見えず、何も進まなくても弁護団会議は楽しくやろう、続けていこう、そればかり思っていました。
　今も、冤罪を晴らせずに苦労中の事件が残っています。
　「仲間いて　楽しくやって　あきらめず」です。

第1章

東電女性社員殺害事件
その1（確定審）

15年間かけてゴビンダ・プラサド・マイナリさんの無罪を確定させた神山流弁護術。その活動を、有罪判決確定前の段階から振り返る。

座談会出席者

神山啓史 　かみやま・ひろし　第二東京弁護士会
神田安積 　かんだ・あさか　第二東京弁護士会
鈴木郁子 　すずき・いくこ　第二東京弁護士会
宮村啓太 　みやむら・けいた　第二東京弁護士会　司会・経過説明担当

1. 東電女性社員殺害事件——どんな事件だったか

宮村　1997年3月19日、東京都渋谷区のアパート「K荘」の誰も住んでいない部屋で、女性の遺体が発見されました。犯人であると疑われて強盗殺人の嫌疑で逮捕されたのは、隣のアパートに住んでいたネパール人のゴビンダ・プラサド・マイナリさんでした。

　神山さんは、ゴビンダさんがまず出入国管理法違反（オーバーステイ）の嫌疑で逮捕されて間もない段階からゴビンダさんの弁護人となり、以後、ゴビンダさんの無罪が確定するまで15年間にわたって主任弁護人として活動しました。

　ゴビンダさんは一貫して「犯人ではない」として無実を訴えて、2000年4月14日に東京地裁によって無罪判決を言い渡されました。しかし、その年の12月22日、東京高裁によって逆転有罪判決（無期懲役刑）を言い渡され、2003年に上告が棄却されて有罪判決が確定してしまいました。

　以後、ゴビンダさんと神山さんを中心とする弁護団の長い闘いが続くことになります。

　ゴビンダさんの弁護団は、再審請求時点では、神山さんのほか、石田省三郎さん、丸山輝久さん、神田安積さん、佃克彦さんの5名でした。再審請求後に

表1 東電女性社員殺害事件の主な手続経過

年月日		出来事
1997年 3月19日	警察官	被害者の遺体発見
3月23日	警察官	ゴビンダさんをオーバーステイで逮捕
3月31日	検察官	ゴビンダさんをオーバーステイで起訴
5月20日	警察官	ゴビンダさんを強盗殺人で逮捕
6月10日	検察官	ゴビンダさんを強盗殺人で起訴
2000年 4月14日	東京地裁	一審無罪判決
12月22日	東京高裁	逆転有罪判決（無期懲役刑）
2003年10月20日	最高裁	上告棄却
2005年 3月24日	ゴビンダさん	再審請求
2012年 6月 7日	東京高裁	再審開始決定・刑執行停止決定（釈放）
2012年11月 7日	東京高裁	再審判決（検察官控訴棄却）

鈴木郁子さん、宮村啓太が加わりました。さらに2006年10月に日本弁護士連合会が支援決定をしたことに伴い佐藤善博さんと上地大三郎さんが加わりました。

　以下では、再審請求後に弁護団に加わった宮村の目線から、神山さん、弁護団の神田安積さん、鈴木郁子さんとともに、神山啓史流あきらめない弁護術が再審無罪に結実していった経過を振り返ります。神田さんは、神山さんとともにゴビンダさんが逮捕された当初から弁護人を務めました。鈴木さんと宮村は、2006年に弁護団に加わりました。

2. 無罪なのに勾留？

　ゴビンダさんは、2000年4月14日に東京地裁によって無罪判決を言い渡されました。しかし、その後もネパールに帰国することができませんでした。無罪を言い渡されたのに「罪を犯したことを疑うに足りる相当な理由」があるとされて、勾留を継続されてしまいました。

　無罪判決を言い渡された後の勾留をめぐる手続の経過は以下のとおりでした。

表2　東電女性社員殺害事件無罪判決後の勾留手続の経過

年月日 （2000年）		出来事	掲載 資料
4月14日	地裁	一審無罪判決	
4月18日	検察官	控訴申立て	
	検察官	地裁に勾留の職権発動申出	
4月19日	地裁	職権発動しない判断	
	検察官	高裁に勾留の職権発動申出	
4月20日	弁護人	意見書提出	
	高裁	職権発動しない決定	①
5月 1日	地裁	訴訟記録を高裁に送付	
	検察官	高裁係属部に勾留の職権発動申出	
	弁護人	意見書提出	
5月 8日	弁護人	意見書提出	②
	高裁	勾留質問実施	
	高裁	勾留状発付	
5月12日	高裁	勾留理由開示公判	
	弁護人	意見陳述	
5月15日	弁護人	異議申立て	
5月19日	高裁	異議申立棄却決定	③
5月23日	弁護人	特別抗告申立て	④
5月29日	弁護人	特別抗告申立補充書(1)提出	
6月 5日	弁護人	特別抗告申立補充書(2)提出	
6月27日	最高裁	特別抗告棄却決定	⑤

※後掲の資料は、原文が縦書きであるが、横組みに改めた。

3.　一審無罪判決を受けて

宮村　2000年4月14日の一審判決までに、先生方は既に約3年間、ゴビンダさんの弁護人として活動されていました。無罪の主文を聞いてどうでしたか。

神山　僕はとても嬉しかったです。控訴されるかもしれないとは思っていましたが、勾留されるとは思っていませんでした。これでゴビンダさんの身体拘束が解かれてネパールに帰国できると思いました。だから、無罪の主文を聞いて本当に嬉しかった。

神田　そのとき、ゴビンダさんが、まさか無罪勾留されるとは思ってもいませんでした。
　無罪判決により刑訴法345条によって勾留状は失効しました。その結果、オーバーステイであったゴビンダさんは入国管理局に移りましたが、入管はゴビンダさんをなかなか出国させない。裁判所は訴訟記録をわずか2週間余りで高裁に送り、それによって、ゴビンダさんが出国していないうちに高裁によって再び勾留されることになってしまう。いつもの入管と裁判所の実務とはいずれも真逆のスピード感が記憶に残っています。

神山啓史さん

4. 再勾留をめぐる攻防

宮村　検察官は、無罪判決の4日後、4月18日に控訴を申し立てると同時に、裁判所に勾留の職権発動を求めたのですね。この段階ではどのような見通しをもっていましたか。

神山　4月18日の時点では訴訟記録がまだ一審裁判所にありましたから、検察官は一審裁判所に対して勾留の職権発動を求めました。もちろん、私たちはすぐに一審裁判所と面会して意見を述べましたが、この段階では、勾留されることはないだろうと考えていました。
　一審裁判所が職権発動しない判断をした後、翌4月19日に検察官が今度は高裁に職権発動を求めましたので、私たちはすぐに高裁と面会して意見を述べました。担当裁判長は木谷明（2024年11月21日逝去）さんでした。

神田　4月20日の木谷コートの職権発動しない判断【掲載資料①】は、刑訴法97条2項、刑訴規則92条2項を踏まえて、高裁に訴訟記録が到達していないので勾留に関する権限は一審裁判所に専属していることを根拠に職権不発動の判断を示しました。
　ところが、5月1日に一審裁判所が訴訟記録を高裁に送付し、検察官があらためて高裁係属部に勾留の職権発動を求める申出をしました。そうすると高裁の係属部に勾留に関する権限が移っていますから、木谷コートの判断の前提が変わったことになります。

検察官が勾留を求める申出をした翌日である5月2日、裁判所から私たち弁護人に連絡がありました。「5月8日に勾留質問を行うこととしたので、連休中に被告人と接見してそのことを予め説明してほしい」という連絡でした。裁判所は、ゴビンダさんが万が一にも勾留質問実施に抵抗するようなことがあると公務執行妨害になってしまうおそれがあるので、弁護人から事前に説明しておいてほしいと考えたようでした。

　高裁が勾留質問を行うということは、訴訟記録を受け取ったばかりで、まだ精査してもいないはずなのに、ゴビンダさんを勾留しようと考えていることを意味していると感じ取りました。

　本来であれば入管では休日の面会ができないのですが、裁判所が入管に連絡をしていたらしく、連休最終日の5月7日（日）にゴビンダさんと入管で面会することができました。面会にあたって私は悩みました。無罪判決を受けて当然帰国できると思っているゴビンダさんに、どのように説明をすればよいのか。無罪判決を受けたのになぜ帰国できないのか。

　私はゴビンダさんに向き合い、時間をかけて丁寧に説明をしました。そのとき、ゴビンダさんは私の説明に対して、「わかりました」と言い、私たち弁護人に対する不満を全く述べませんでした。捜査段階で弁解を一切せずに黙秘を貫いたにもかかわらず、起訴されたときも同じでしたが、ゴビンダさんのそのときの態度を今でも忘れることはありません。

　私たち弁護人は、勾留質問にあたり意見書【掲載資料②】を提出しましたが、ゴビンダさ

神田安積さん

鈴木郁子さん

宮村啓太さん

第1章　東電女性社員殺害事件──その1（確定審）　19

んに対して勾留されました。さらに異議申立ても棄却されました【掲載資料
③】。私たち弁護人は特別抗告を申し立てました【掲載資料④】。

神山　この勾留の裁判は、何が何でも最高裁でひっくり返したかった。特別抗
告申立書には、刑訴法研究者の意見書を添付しました。1通は川崎英明さん
の意見書、そしてもう1通は、僕の大学生時代の恩師である渥美東洋先生の
意見書です。

　　　もちろん絶対なんて言えないけれども、最高裁でひっくり返って当然だと
思っていました。だってゴビンダさんは無罪になったんですよ。なんで勾留
されなければならないのか。訴訟記録が到達する前に高裁で職権不発動をし
た木谷決定には、「更に若干補足しておく」と前置きして、次のように書か
れていました。

　　　「刑訴法345条は、無罪や執行猶予の判決が言い渡された場合には、勾留
状が失効すると規定している。これは、そのような裁判所の判断が示された
以上その判断は尊重されるべきであって、ともかく一旦は被告人の身柄を釈
放するのが適当であると考えられたからであろう。したがって、例えば、一
旦釈放した被告人の身柄を、特段の事情もなく、直ちに再び拘束することが
できるというような解釈は、この規定を実質的に空文化するもので適切でな
いといわなければならない」。

　　　そのとおりとしか考えられないと思いました。ところが、最高裁は、3対
2に分かれて反対意見が2つ付いた特別抗告棄却決定【掲載資料⑤】。本当
にショックでした。こんな理屈が通ることなど許されるわけがない。

5.「否認しているから」再勾留

神田　私も、木谷決定に書かれているとおりだと思います。無罪判決が出た以
上、「罪を犯したことを疑うに足りる相当な理由」があるはずがなく、「罪証
を隠滅すると疑うに足りる相当な理由」もありえません。

　　　高裁係属部の勾留に対して異議申立てをした際に、異議審の担当裁判長と
面接しました。私たち弁護人はこう意見を述べました。「検察官が請求した
証拠調べは全て終わっています。今さらどうやって罪証隠滅をする可能性が
あるというのですか。」

　　　それに対して裁判長がこう言ったのを、はっきりと記憶しています。「否
認している」。心底驚きました。無実を訴えている人が無罪判決を受けたの

表3　東電女性社員殺害事件確定審の一覧

年月日		出来事
2000年 4月14日	東京地裁	一審無罪判決・LEX/DB25481359
12月22日	東京高裁	逆転有罪判決（無期懲役刑）・LEX/DB28065057
2003年10月20日	最高裁	上告棄却決定・LEX/DB25420042

です。そもそも否認していることが不利益に評価されること自体許されない
はずです。無罪判決を受けた人に対して、身体拘束を解かれたかったら自白
しろというのでしょうか。

　無罪判決が出ても、なお否認していることを理由に勾留し続ける。ゴビン
ダさんの無罪勾留にも「人質司法」の問題があらわれていました。

神山　この点は、まだ判例が変更されないまま今日に至っています。最高裁
は、「第一審裁判所が犯罪の証明がないことを理由として無罪の判決を言い
渡した場合」であっても「なお罪を犯したことを疑うに足りる相当な理由が
あると認めるときは……その審理の段階を問わず、被告人を勾留することが
でき」ると判断しました。無罪を言い渡されて、証拠関係が変わったわけで
もないのに否認しているから勾留する。そんな判例は絶対に変えなければな
らない。

6.　逆転有罪判決

宮村　2000年4月14日の一審無罪判決の後、ゴビンダさんは再び勾留され、
その年の12月22日に東京高等裁判所によって逆転有罪判決を言い渡されまし
た。

　東京高等裁判所の逆転有罪判決では、次の7つの間接事実が犯人はゴビンダ
さんであることの根拠として挙げられました。「K荘101号室」は、遺体が発
見された現場です。

① 　現場に残っていた陰毛のミトコンドリアDNA型がゴビンダさんと一
　致したこと
② 　現場の便器に残された精液のDNA型、ABO式血液型がゴビンダさ
　んと一致したこと

第1章　東電女性社員殺害事件──その1（確定審）　21

③　精液が、犯行時に遺留されたものであるとしても矛盾なく、不自然でないこと

④　被害者とK荘101号室において性交したのは、2月25日ころから3月2日頃であるとするゴビンダさんの弁解は信用しかねること

⑤　事件当日、K荘前で目撃されたのがゴビンダさんであっても不審はないこと

⑥　ゴビンダさんが午後11時30分ころ、K荘101号室に入ることは時間的、場所的に可能であり、不審はないこと

⑦　被害者とゴビンダさん以外の男性がK荘101号室を使用することはおよそ考え難いこと

　以上の①から⑦までを通じて、事実の存否には検察官と弁護人で争いがありませんでした。争いがあったのは、「不自然でない」、「およそ考え難い」というような評価と、これら間接事実の総合評価でした。

　事件当夜、K荘前に駐車中の自動車の中から、K荘に入っていく男女を目撃した方がいました。その方は、「男女のうち男性のほうは東南アジア人風の男だった」と証言しました。それが⑤の事実です。

　被害者の遺体が発見されたK荘101号室のトイレの便器内に、使用済みのコンドームが捨てられていました。そのコンドーム内の精液のDNA型とABO式血液型がゴビンダさんと一致したというのが、②の事実です。

　そして、東京高裁が認定した③の事実は、その精液が犯行時に遺留されたものであるとして矛盾はないとするものでした。被害者の直前の行動などから、犯人による犯行日時は1997年3月8日深夜であると推定されていました。被害者の遺体と便器内のコンドームが警察によって発見されたのは3月19日です。このコンドームが犯行時に遺留されたものであるとすれば、発見時において遺留から約10日が経過していたということになります。

　他方、ゴビンダさんは、2月25日〜3月2日の時期にK荘101号室で被害者と性交する機会があり、発見されたコンドームはその時に遺留したものであると説明していました。

　そうすると、この精液入りコンドームが遺留から10〜11日間が経過したものであった（つまり犯行時に遺留されたものと考えられる）のか、それとも、遺留から17〜22日間が経過したものであった（つまりゴビンダさんの説明どおり事件と無関係に遺留されたものである）のかが問題となります（図1）。

図1　コンドーム遺留の経過

2/25〜3/2

17〜22日間

犯行推定 3/8〜3/9

10〜11日間

3/19 遺体発見・精液回収

　ここで重要なのが、コンドーム内の精液に含まれる精子に関して捜査機関によって行われた観察と実験の結果です。第一審で検察官から開示された証拠から、次のことが明らかになっていました。

(1)　顕微鏡観察の結果、コンドーム内の精液に含まれる精子はほぼ頭部のみであったこと

(2)　科捜研が行った再現実験によると、精子を精製水内に放置して、20日間が経過すると60〜80％の精子の頭部と尾部が分離するけれども、10日間が経過した時点では分離する精子は30〜40％にとどまること

　これらの結果によれば、精液は遺留から17〜22日間が経過したものであった、つまりゴビンダさんの説明どおり事件と無関係に遺留されたものであると考えるのが合理的であると思われます。

　ところが、東京高等裁判所の逆転有罪判決は、科捜研の再現実験について「実験が比較的清潔な環境で行われたのに対し、本件精液は便器内の不潔な環境に置かれていた」とした上で、「本件精液の置かれていた便器の水の環境……と、右実験におけるサンプルの精液が置かれた精製水中の環境との大きな相違」に鑑みると、精液が放置されたのが10日間程度であっても矛盾はないとして、有罪認定をしたのです。

第1章　東電女性社員殺害事件──その1（確定審）　23

第2章
東電女性社員殺害事件
その2（再審）

> 再審請求後も、神山流「楽しくやって、あきらめない」弁護活動が続けられ、
> 2012年の再審開始決定に至った。再審の扉を開いた弁護活動を振り返る。

座談会出席者
　神山啓史　かみやま・ひろし　第二東京弁護士会
　神田安積　かんだ・あさか　第二東京弁護士会
　鈴木郁子　すずき・いくこ　第二東京弁護士会
　宮村啓太　みやむら・けいた　第二東京弁護士会　司会・経過説明担当

1. 再審請求にあたって

　再審請求に先立って、神山さんと神田さんは、2004年3月12日、東京地検の記録保管係に赴いて、「再審請求を準備中であるので、保管されている証拠物などについては、きちんと保管しておくように。証拠物も還付せずに保管しておくように。これらのことを検察官から渋谷警察署にも伝えるように」と要請しました。この対応が、結果的に後に重要な意味をもつことになります。

2. 再審の重い扉を開けた神山流弁護術

　ゴビンダさんは、2005年3月24日に再審請求をしました。再審請求にあたって、弁護団は、精子の頭部と尾部の分離に関する実験結果を取りまとめた押田茂實教授の鑑定書（押田鑑定書）を新証拠として提出しました。押田鑑定書によれば、便器の水の中に精子を放置した場合にも、放置されて10日間が経過した時点では頭部と尾部が分離する精子の割合は40％程度にとどまること、つまり、東京高裁の逆転有罪判決がいう「本件精液の置かれていた便器の水の環境……と、右実験におけるサンプルの精液が置かれた精製水中の環境との大

表4　東電女性社員殺害事件の再審過程

年月日		出来事
2005年 3月24日	ゴビンダさん	再審請求
2012年 6月 7日	東京高裁	再審開始決定・刑執行停止決定（釈放）・LEX/DB 25481359
2012年11月 7日	東京高裁	再審判決（検察官控訴棄却・無罪確定）・LEX/DB25 483367

きな相違」に科学的根拠はないことが明らかにされました。

　結果的に再審開始決定を経てゴビンダさんの無罪判決確定に至りましたが、再審請求から再審開始決定までに7年以上を要しました。その期間を通じた神山流弁護術の一端を振り返ります。

3. 再審請求後の弁護団の体制

宮村　押田鑑定書は、東京高裁の逆転有罪判決の間接事実③（精液が、犯行時に遺留されたものであるとしても矛盾なく、不自然でないこと）を明らかに揺らがすものだと思います。先生方は、この新証拠で再審開始決定に至ることができるかについて、どのように考えられていたのですか。

神山　もちろん、再審が開始されるべきだと思っていました。押田鑑定書は、上告審でも上告趣意書に添付して最高裁に提出していたのですが、上告審で事実取調べは行われませんでしたから、押田鑑定書の新規性も失われてはいないはずです。

　そのように思いつつも、再審開始に向けて、まだ提出したことがない全く新しい主張・立証を追加したいとも思っていました。

宮村　再審請求後の2006年に、当時弁護士登録4年目だった鈴木さんと私が弁護団に声をかけていただきました。鈴木さんも私も再審弁護団の経験は全くなく、刑事事件の経験もそれほど多くありませんでした。なぜ弁護団に新たな弁護人を加入させようと考えられたのですか。

神田　端的に言えば、ゴビンダさんのためです。ゴビンダさんにとっては、一審で無罪判決が出たものの、控訴審で逆転無期懲役判決、上告審ではその判断が維持されました。私たちは裁判で負けたのであり、引き続き弁護人を継続するとしても、新たに弁護人に加わってもらう必要があると考えていまし

Column
再審請求を考えている事件の証拠物の保管

　東電女性社員殺害事件での対応は、今から考えると不十分なものでした。

　DNA鑑定をはじめとして、科学の発展によって、これまで鑑定できなかったことが鑑定できるようになることがあります。

　その時、証拠物が廃棄されていれば鑑定はできません。

　事件が確定すると、裁判所が押収されている証拠物、捜査機関が採取し保管している証拠物は還付されたり、廃棄されたりするおそれがあります。

　そこで、以下のことをしておくべきです。

　第1に、事件が確定した段階で、裁判所に対して、押収されている証拠物を還付、廃棄しないこと、捜査機関に対して、採取し保管している証拠物を還付、廃棄しないことを書面で求める。

　証拠物の保管については、汚染、混合、変性が生じない保管方法を取ることも求める。

　第2に、再審請求をした段階で、裁判所に対して、①裁判所が押収している証拠物を再押収すること、②裁判所から捜査機関に対して、捜査機関が保管している証拠物のリストを開示させること、③捜査機関が保管している証拠物を押収することを書面で求める。

（神山啓史）

た。このとき、練達の弁護人に加わってもらう選択肢もありましたが、先入観なくフレッシュな視点で事件を見てもらうことができるという点を重視して、できる限り若手で熱心な弁護士に声を掛けようということとしました。

神山　一番気になっていたのは、弁護活動の「停滞」です。若い人が参加することで、弁護活動の「新陳代謝」をする。そんな思いでした。

　そのために、遠慮なく意見が言える、「見たい、やりたい」と言えば、すぐに「よし、見に行こう、やってみよう」と行動する。そうしたい、そうしようとばかり考えていました。

　いつも、ワイワイ、ガヤガヤ、「元気のある弁護団」が事件を動かすと信じています。

4. 決してあきらめない活動の継続

宮村 2006年に弁護団に入り、「これは思っていた以上に地道な活動だ」と思いました。毎回の弁護団会議で課題を確認し、次回会議までにそれを実行し、翌月の会議でその成果を確認する。それが7年間、ずっと小休止を置くこともなく淡々と続けられ、再審開始決定に至るのを目の当たりにしました。私たちの倍以上の期間、15年間にわたってこの活動を継続された弁護団の先輩方は、本当にすごいと思います。

　刑事弁護をしていると、悔しい思いをすることや理不尽と感じる場面に遭遇することも多々あります。そのようなときは、「神山さんは無罪判決が破棄されても10年以上にわたって愚痴ることもなく活動されていたのに、こんなことでへこたれてはいけない」、いつもそう自分に言い聞かせています。

鈴木 私たちが弁護人になった時点で、すでに私たちが思いつくような活動は当然やり尽くされていました。それでも、神山さんは、「さらにできることがないか」をずっと考え続けられていました。弁護団会議は毎月開かれて、もちろん遅刻や欠席なく皆が出席して、前回確認した課題を報告し合うことが7年間続けられました。緊張感が維持されていたと思います。神山さんからは「決してあきらめない」ということの重要さを学びました。

神田 私は、ゴビンダさんの弁護活動を初回接見から再審判決までを通じて神山さんとご一緒することができました。神山さんの弁護活動は、簡単に言えば「全部やる」「普通にやる」というものです。

　捜査段階は、当然のこととして、毎日接見に行きました。必要であれば、1日2回接見に行きました。黙秘と取調べ拒否（出房拒否）の助言をして、身体拘束を争うために勾留や勾留期間延長の裁判に準抗告や特別抗告を申し立てました。「重大事件であって勾留は避けられないから準抗告しない」などということを考えたことは一度もありません。当然のように、やるべきことを全部やりました。起訴後は、開示された供述調書の供述者全員に会いに行きました。「この人は重要そうだから会いに行く」というように差をつけたことはなく、当然のように全員に会いに行きました。あらゆる現場に、何度も行きました。

　ゴビンダさんも、私たちが毎日接見し、説明を尽くす中で、自分のために地道な活動を継続していることを理解していたと思います。これらの日々の積み重ねが、各局面でどのような厳しい状況になろうとも、私たちの信頼関

神山啓史弁護士はいつもホワイトボードを使って議論を整理していた（再現写真）。

係が揺らぐことなく維持できた基礎になったと思います。

神山 成果が出ないのに、よくあきらめずにやってこれたなと思います。なぜできたのかと問われると、「それがやりたかったんでしょう」と答えます。

　権力という巨大な壁に向かって戦いを挑む、その「ロマン」「かっこよさ」「それがしたい、そういう生き方をしたい」、それしかないと思います。

5. みんなで議論をして常に成果と課題を確認

鈴木 弁護団会議では、毎回、神山さんがホワイトボードを使って議論を整理しながら、闊達に議論をしました。そして毎回の会議で必ず成果と課題が確認されました。充実した会議だったと思います。

　神山さんが会議中に座っていたことは、ほとんどなかったような記憶です。

　また、書面を作るにあたって、必ず会議で議論をし、その上で「今日の議論を踏まえて誰々が起案をする」という流れであったのも印象的でした。神山さんとご一緒する事件で書面を起案する機会をいただけたのはとても勉強になりましたし、書面の内容を起案担当者に任せるのではなく、まずは皆でしっかり議論して、その上で起案をするという手順も、勉強になりました。

宮村 7年間の再審弁護活動を通じて、一歩ずつ、あるいは半歩ずつか、もっ

と少しずつかもしれないですが、常に前進している感覚をもち続けることができました。それは、神山さんはいつも、会議で「議論しっぱなし」とせず、「今日は何が決まり、何が課題として残っていて、次までに何をするのか」を明確にされたからです。弁護団会議の議事録を毎回鈴木さんが作って下さっていましたが、私が作った回も少しだけありました。当時の弁護団会議の議事録を見てみたら、次のように記載していました。

　３　Ｋ荘１０１号室の見分について【決定】

　　支援の会が１０１号室を賃借した。当面の日程調整が困難であるため、３月９日の次々回会議後に予定している現場見聞の際に１０１号室に立ち寄ることとする。

　４　売春客の供述調書の分析作業について【課題】

　①　検察官から新たに開示された３１人分の供述調書について、次回会議までに、神田が整理（従来から開示されていた供述調書との突合せ及び一覧表化）をする。

　②　上記①の整理を踏まえて、次々回会議までに、神田、佃、鈴木及び宮村の４名で手分けして分析を進める。その際、以下の３点を視点とする。

　　ⅰ）被害者から１０１号室に誘われた経緯が記載されていないか。

　　ⅱ）売春代金について、手帳の記載と客の供述に不一致がないか。

　　ⅲ）手帳の「？」の記載が多義的であることを導き出せる記載はないか。

　③　上記②の分析を踏まえて、次々回会議以降、意見書作成を検討する。

　議事録には、「何が決まり、何が課題として残っていて、次までに何をするのか」が書かれていました。私はこのことを真似するようにしています。みなさんも、どんな仕事でもこれは真似した方が良いと思います。会議で逐語の議事録が作られることがありますが、結局、何が決まったかがよくわからなくなり、次の会議でまた議論の蒸し返しになってしまうことがあります。

　１人で担当している事件でも、「これまでに何ができていて、現時点で何が課題として残っているのか」がわかるメモを更新しながら弁護活動を進めると良いと思います。

神山　私の進行する会議は、次のようにしています。

その日に議論することを考え、順序を決めて、ホワイトボードに進行予定を書きます。

事務局的な人が議論のペーパーを作って事前配布するやり方は、形式的、定型的になりがちで、実際の会議の進行には役に立たないと思っています。

議論をするときは、私がホワイトボードに出た意見をメモしたり、関連付けしたり、整理したりしていきます。

全員がホワイトボードを見ながら発言を積み重ねていくことによって、議論は外れませんし、深まっていきます。

その結果、決まったことと次の課題が自ずと明らかになります。会議の終了の時、全員に次の会議のイメージが出来上がっていれば、次回が楽しみになります。

ところが、私の見るところ、多くの会議でこのようなやり方はされていません。おせっかいですが、「改善したら」と思います。

6. 迷ったらやってみる

宮村　神山さんは本当にフットワークが軽いと思いました。「迷ったらやってみる」という姿勢を一貫されています。「それって意味ある？」というセリフを神山さんの口から聞いたことがありません。神山さんはいつも、「やってみればいいんだよ」とおっしゃいます。

いろいろな実験や実況見分をしました。特に印象に残っているのは、現場からのゴミ回収です。支援の会が事件現場のK荘101号室を賃借して下さりました。弁護団で101号室に行ってみたら、部屋の窓の下にビールの空き缶などが落ちていました。ただのゴミのように見えますが、神山さんは、「もしかすると10年前に犯人が捨てたものかもしれない。あとでDNA型鑑定をするかもしれないから、回収して封緘しておこう」とおっしゃいます。そして、「検察官に関連性を争われないよう、回収してから封緘するまでを動画撮影しておこう」とおっしゃるのです。日の目を見なかった活動が、たくさんありました。

鈴木　神山さんは、現場に足を運ぶことを大切にしておられました。私たちが再審弁護団に入ってからも、被害者の定期券ケースが落ちていた民家周辺や、被害者の遺体が発見された現場アパート、その周辺の渋谷の街に何度も

事件現場のＫ荘でのゴミ回収の様子（2007年4月1日）。左はゴミを回収したところ、右は回収されたゴミを並べているところ。

足を運びました。

神田 捜査段階から、本当にいろいろな活動をしました。

関係者本人の目線からその人の行動を追体験してみるということをよく行いました。ゴビンダさんは、事件があったとされる当日（土曜日）、幕張（千葉市）の飲食店での勤務を終えて渋谷（東京都）に帰ってきたのですが、土曜日の夜に幕張から渋谷まで、神山さんと一緒に何度も電車に乗りました。考えごとをしながら土曜日夜の渋谷の雑踏を歩くとどれぐらい時間がかかるか、速足で歩いた場合ならどうか、などと何度も試しました。被害者の行動も同様です。同じコンビニに立ち寄り、同じホテルに行き、というように行動を追体験しました。不思議なことに、そのたびに新しい発見や考えるヒントを与えられました。

神山 意味があるからやるのではないのです。証拠にできるからやるのでもないのです。なんでもやってみて、その中に、意味があり、そして証拠にできるものがあれば、証拠にする。そのような発想で、思いついたらなんでもやってみるべきだと思います。

7.「証拠を創る」という発想

宮村 神山流弁護活動からもう1つ学んだのは、「証拠を創る」という発想です。それまで、証拠とは、検討して分析する対象だという発想にとらわれていました。神山さんは、何を立証すべきかを常に考え、そしてそのための証拠を

自分で創ろうとされます。私も以後、自分で弁号証を作って証拠調べ請求するということにこだわるようにしています。弁護側に有利な情報が書かれている捜査報告書があったような場合にも、それをそのまま証拠調べ請求するのではなく、弁護側立証にとってわかりやすくなるよう整理した弁護人の報告書を作ることが多いです。

　2007年12月の弁護団会議では、神山さんから正月休みの課題が出ました。その日の議事録には次のように記載されています。

〔2007年12月6日議事録〕
　「形のある新証拠を準備するために、来年の年明けの会議までに、1つずつ新証拠のアイディアを持ち寄ることが確認された。」

　こんな課題は初めてでしたので悩みました。まず、どうしてこんな課題を出されたのか、あらためて神山さんにお聞きしたいです。

神山　正直、苦し紛れだったのだと思います。ただ、期限を決めて全員が一斉に持ち寄るという形式で、その次の会議は「プレゼン大会」になりました。それぞれのプレゼンに対して、みんながいろいろなことを言う。変に盛り上がりました。我々は仲間に「負けたくない」という競争心があります。「エイヤー」と一斉に出し合うやり方を私も学びました。

宮村　当時の資料を読み返してみたところ、私は翌年の会議に次のようなメモを提出していました。

新証拠案に関するメモ

1　新証拠案
　精子の経時的変化に関する補充鑑定書及び意見書（押田鑑定書の再補充）

2　提案理由
　① 確定判決の有罪認定の証拠構造における「精液遺留時点」の重要性
　　＊「確定判決が有罪の認定をした理由は、イ 現場から発見された精液が犯行時に遺留されたものであるとしての矛盾なく、ロ 請求人の弁解は信用できないということに尽きている」（再審請求書

３７頁）

② 本請求審において押田鑑定を取り上げさせるべき必要性

3 具体的補充案

① 便器内で繁殖する微生物を分析し、「水」に関する条件設定を詳細にして実験をしてみてはどうか？

＊確定判決１９頁〜：「本件精液の置かれていた便器の水の環境（前年１０月にしたネパール人ＨとミトコンドリアＤＮＡ型が一致する者の陰毛がティッシュペーパーと共に滞留水の中に残っていたことは、相当期間水が流されていなかったことを窺わせる。）と、右実験におけるサンプル精液がおかれた精製水中の環境との大きな相違にかんがみると…」

⇒財団法人Ｋセンター「トイレの微生物に関する調査と対策」などの論考

⇒「本件精液の置かれていた便器の水の環境」をさらに忠実に再現できないか？

（忠実に再現した汚水内においても頭部・尾部の分離は２０日間経過前後に多く生じることを明らかにしたい。）

② 「精子」に関する条件設定を詳細にして実験をしてみてはどうか？

＊「撹拌密度勾配法」による「運動良好精子」と「弱い精子」の選別

＊ヒトの同一精液内における精子の質的バラツキは大きく、かつ全ての運動精子において運動能以外の精子機能が良好であるとは限らないとの指摘

⇒「強い精子」と「弱い精子」をグループ分けして実験できないか？

（「弱い精子」グループでも頭部・尾部の分離は２０日間経過前後に多く生じることを明らかにしたい。）

③ 実験とは別に、精子の分離時期要因について専門家の意見を聴取してはどうか？

＊Ｉ教授：精子研究の第一人者（と言われているよう）

＊「新編 精子学」（東京大学出版会）などの文献

その後、実際にこのメモにあるような鑑定実験を専門家に依頼して新証拠

として提出することになるのですが、その過程でも、ダメモトで専門家に手紙を書き、会いに行ってみるという、神山さんのフットワークの軽さが証拠創りを前進させていったと思います。

鈴木 私も、証拠創りは印象に残っている活動です。現場で目撃された「背中に派手なマークのついたジャンパーを着た東南アジア風の男」の目撃供述の再現実験を行いました。当初の我々の想定では、ジャンパーの模様はしっかり目撃されていなかったのではないか、とのことでした。しかし、実験に参加した目撃者のほぼ全員が、人種について、色の浅黒い外国人ではなく、日本人を目撃したと回答したのです。ジャンパーの模様はもとより、暗さからそもそも人種など分かる状況ではなかったことが分かり、やってみて初めてわかることがあるものだと、驚きました。

神山 証拠を創る「楽しさ」「ワクワク感」は、一度味わうとやみつきになります。
　大事なことは、ともかく着手することです。そうは言っても、なかなか思惑どおりうまくはいきません。それでも試行錯誤の上、何とか形になるものが完成した時の喜びはひとしおです。そうすれば、次々と証拠を創りたくなっていきます。

8. 常に手続の主導権を

宮村 再審弁護団の活動は出口が見えないトンネルの中を進んでいるような感覚でした。
　その出口が見えたのは突然でした。検察官の嘱託によって被害者の膣内から採取された付着物のDNA型鑑定が行われ、ゴビンダさんではない男性のDNAが検出されたのです。被害者は事件当夜、シャワーを浴びた後に犯人らしき男性とともにK荘101号室に入っていったことが明らかになっていました。シャワーを浴びた後の被害者の身体に付着していたDNAは犯人のものであると強く窺われます。しかも、そのDNA型はK荘101号室に落ちていた毛のDNA型と一致することが明らかになりました。この鑑定結果は読売新聞(2011年7月21日付)によってスクープされ、再審請求事件が一気に動き出すことになりました。
　神山さんと神田さんは、私たちよりもはるかに長い期間にわたって弁護活動をしておられましたが、突如としてこのような鑑定結果が明らかになって、どのように感じられましたか。

第2章　東電女性社員殺害事件──その2(再審)　35

東電OL殺害 再審可能性

遺留物から別人DNA
弁護側要請で検察鑑定

東京都渋谷区で一九九七年に起きた東京電力女性社員殺害事件で、強盗殺人罪により無期懲役が確定したネパール国籍の元飲食店員ゴビンダ・プラサド・マイナリ受刑者（44）が裁判のやり直しを求めた再審請求で、東京高裁が、被害者の体から採取された精液などのDNA鑑定を行った結果、精液が被害者以外の男性のもので、その男性のDNA型が被害者と現場の部屋に残されていたものと一致していたことがわかった。「マイナリ受刑者のものではない」としており、確定判決に誤りがあった第三者の存在を示す新たな事実で、再審開始の公算が大きくなった。

〈解説38面、関連記事37面〉

　この事件でマイナリ受刑者は捜査段階から一貫して犯行を否定、同受刑者を知人であるとする証拠はなく、検察側は状況証拠を積み上げて起訴した。二〇〇〇年四月の一審・東京地裁判決は「被害者と現場に残されていたと一致した場合は考えにくい」として無罪、同年十二月の二審・東京高裁判決は逆転有罪とし、最高裁が〇三年十一月に確定させた。

　東京高検・東京地検も否定できない」として第三者が現場に入った可能性も含めてDNA鑑定の実施を検討するよう求めていた。これを受け、東京高検は精液などのDNA鑑定を専門機関に依頼していた。

マイナリ受刑者は05年3月、東京高裁に再審を請求。月、東京高裁は今年一月、弁護側の要請で証拠の保存されていた現場の体毛についてDNA鑑定を採用。現場の室内にあった体毛のうち一本のDNA型が、被害者以外の男性のもので、被害者の体から採取された精液のDNA型と、室内にあったものと一致した。現場の部屋が空き巣に入ったのではないかとの見方も出ていた。被害者の体毛については、「転居した居住者のものと考えられる」としている。

しかし、今回の鑑定で、被害者の体から採取された精液のDNA型が、被害者以外の男性のものと一致した。同受刑者と接触した知人男性のDNAとは一致していないことから、別の男性が、被害者と部屋に入ったとみられる。

〈解説38面、関連記事37面〉

A型とも異なり、別の男性が被害者と室内で接触していた可能性がある。今回、新たな第三者の存在が判明したことで、事件当日、無実だった同受刑者の部屋に空き巣に入ったのではないかとの見方も浮上している。

東電の女性社員が殺されているのが見つかった渋谷区内のアパート＝1997年3月20日午前0時45分頃撮影

97年発生、ネパール人の無期確定

　東京電力女性社員殺害事件――1997年3月19日夜、東京都渋谷区のアパート（当時39歳）の遺体が見つかった。謎の多いビルの一室で殺害された女性社員は、昼は大企業の職員、夜は売春をしていたことから、日本社会のマイナス面と格差社会のひずみを象徴する事件として衝撃を与えた。

2000年4月、一審・東京地裁は証拠不十分として無罪判決。同年12月の二審・東京高裁は逆転判決で無期懲役、最高裁が03年確定。トイレに残されたコンドームの精液などが決め手となった。

2011年7月21日付読売新聞紙面

神山　嬉しかったですが、「どうして新聞に先に出るんだ？」と思いました。

神田　読売新聞の報道が出る直前に、東京高検の担当検事から「この夏は弁護人は忙しくなりますよ」と言われたのです。すぐに神山さんに電話をして、忙しくなるということは弁護側に不利な鑑定結果が出るのだと危惧しました。ところが、7月21日の午前3時頃、事務所で仕事をしていた私の携帯に、別の新聞社の記者から「読売にDNAの記事が出ました。これから追いかけます」というショートメールが入りました。ゴビンダさんのDNAが出たのではないかと思いながら、その記者にすぐに電話をしたところ、第三者

のDNAが出たと聞かされました。すぐに弁護団のMLにその旨の一報をするとともに、早朝、神山さんの自宅の電話に連絡をしました。

宮村 この鑑定は、検察官の嘱託によって行われたものではありましたが、たまたま行われたものでは決してなく、神山さんが動かれた成果でした。「再審請求をして、あとは裁判所の判断を待つ」という弁護活動であったら、このような鑑定結果は出ず、そしてゴビンダさんは今も無期懲役刑に服していたかもしれません。

神山 再審請求直後、検察官にあらためて、DNA型鑑定の鑑定資料になり得る証拠物は保管しておくようにと申し入れました。

その後、2009年6月23日、僕も弁護人を務めた足利事件について、再審開始の決定が出ました。DNA型の再鑑定を行ったところ、菅家さんが犯人ではないことが明らかになったことが、再審開始決定の決め手となりました。ゴビンダさんも、捜査機関が保管している鑑定資料についてDNA型の再鑑定を行えば、犯人ではないことが明らかになるかもしれません。

そこで、2009年7月29日、裁判所に対して次のことを求める「事実取調請求補充書」を提出しました。

---

① 足利事件の再審開始を受けて、検察庁は、DNA鑑定をした事件について、再鑑定に備えて鑑定資料の保管を命じたと報道されています。

　そこで、本件について、改めて検察官に対し、以下の報告を求めてください。

a　DNA鑑定をした対象物

b　鑑定したDNA型

c　その鑑定結果

d　鑑定資料の残部、及びDNA抽出溶液の残量等の保管の有無、及び保管状況

② 現場に遺留されていた被害者のショルダーバックを検察官に提出させ、押収してください。

③ 現場に遺留されていた被害者のショルダーバック及び財布について、刑事訴訟法121条1項に基づいて、設備のある大学に対し超低温保管させてください。

この書面を提出したことを契機として、裁判所の検察官に対する求釈明により、被害者の膣内から採取された付着物が捜査機関によって保存されていることが判明して、事態が大きく動いていくことになりました。

神田 DNA型鑑定を行うことになったこと自体が大きな成果でしたが、神山さんはその先まで見据えていました。足利事件での経験も踏まえ、誰が鑑定人になるかによって鑑定結果に大きな影響があることを知悉しており、裁判所に対して鑑定人の人選について積極的に意見を述べていました。

宮村 形式的には検察官の嘱託による鑑定ではあったものの、実際には、神山さんがまず裁判所を動かし、そして検察官を動かしたことによって、決定的なDNA型鑑定結果に至ったわけですよね。弁護人の活動によって結果が変わったということだと思います。

　神山さんは、再審請求事件に限らず常に、弁護人が主導的に手続を進めようとされますね。

神山 若い頃、高山俊吉弁護士から「胴を取る」と教わりました。

　刑事裁判は当事者主義です。検察官に対して「こうしてくれ」と言い、裁判官に対して「こうすべきだ」と言うことに何の遠慮もいりません。

　進行協議においても、公判前整理手続においても、法廷においても、積極的に「このように進めるべきだ」という弁護人の意見を述べて、被告人のためにこちらの望むように進行させていく。裁判官に言われてやるのではありません。弁護人から先に、「いつまでに何をするので、こうしてくれ」と言うのです。

　そうすべきであり、そうあるべきです。

9. 神山流弁護術からの学び

宮村 被害者の膣内付着物のDNA型鑑定結果が出て、再審事件が動き出してからは、急に世間の注目を集めるようになりました。末席の私のところにまで新聞記者が取材に来るようになりました。それ以降の神山さんの記者会見は、「ああ、テレビでよくみる著名事件の記者会見と同じだ」と感じました。

　しかし、私が印象に残っているのは、そうやって事件を動き出させるまでの神山さんの活動なのです。トンネルの出口は見えていなくても、一時たりとも小休止することなくずっと、地道に成果と課題を確認しながら弁護活動を継続し、そして15年かけてゴビンダさんの無罪を確定させた。その決

東電女性社員殺害事件・再審第一回公判を終え、記者会見する弁護団、中央が神山啓史弁護士（2012年10月29日、時事通信社提供）

してあきらめない神山流弁護術です。あきらめずに地道に事実と証拠を積み上げる活動に参加することは、とても遣り甲斐があり、そして「楽しい」とも感じられるものでした。

　刑事弁護は、被疑者・被告人の人生を預かる仕事です。そうであるからこそ、刑事弁護を志す以上、神山さんのことを「すごいな」と思うのではなくて、「自分も真似しなければ」と思わなければならないと思います。

鈴木　この再審弁護活動は私の弁護士４年目から10年目にあたります。一審の無罪判決が覆される経験をした神山さんたちと、再審から関与することになった私たちの再審弁護活動の重みは到底同列には語れませんが、若手の弁護士としてかけがえのない経験をさせて頂きました。神山先生は、新証拠を作ることについては柔軟に何でもやってみよう！　という精神であった一方、理論・分析を大事にされていました。裁判所に提出する書面に、要らない記述は一切なく、読んだら、その理論の見取り図がすーっと頭に浮かぶような骨太で簡明な書面を誰よりも心がけておられました。また、一つ一つの訴訟活動には理由があり戦略的であったことが印象的でした。影響を受けたのは刑事弁護だけではありません。弁護士23年目の今の私の民事訴訟の書面作成の土台には神山さんの教えが確実にあります。振り返ると、再審の弁

護活動は、楽しかったというか、充実していたとの一言につきるのですが、これは、再審が無罪となったからではなく、無罪とならなかったとしても、その瞬間・瞬間が弁護士としての得がたい経験・学びとなっていたことは強調したいと思います。

神田　神山さんは、「再審弁護団は楽しくやって、あきらめない」ということを言い続けています。再審事件に取り組むことが楽しいか、それとも苦しいか、と問われれば、誰でも苦しいと思うはずです。にもかかわらず、神山さんが楽しくやろうと言い続けているのは、神山さんが再審事件に本当に楽しく取り組み、そしてそのことを後輩に伝えたいからであると思います。もっとも、神山さんの言う「楽しい」という言葉にはいろいろな意味が込められていると思います。もちろん本当に楽しいと思う気持ちが含まれていると思いますが、神山さんほど再審事件で苦しんでいる人はいません。神山さんの言う楽しみは「苦しみと共存している楽しみ」ではないか、「苦しみに挑む楽しさ」ではないか、とも感じます。私が「再審弁護団の楽しみ」とは何ですかと尋ねられれば、無実を訴える人のために事件に取り組むやりがい、弁護団を組んで先輩後輩の関係を超えて互いに意見をぶつけあい、その中から生まれるアイディアや新しい発見の喜び、などを挙げることでしょう。しかし、神山さんにとっては月並みな答えであり、今日改めてお尋ねしても、笑って答えてくれないように思います。そのことをあえて言わずに、再審事件に限らず刑事事件は楽しい、そのことを掛値なく約束するから、刑事事件に取り組んでほしい、最善の弁護活動をする中で自分たちで「楽しさ」を経験し、そして考えていってほしいという意味が込められているように思います。

ゴビンダさんからのメッセージ
私を励まし勇気づけた「ことわざ」

2024年11月15日

　神山先生、ナマステ！　全てに先立って神山先生に、そして幸福と平和の神に礼拝合掌いたします。
　1997年3月、渋谷警察署の留置場に先生が面会に来て下さいました。その時の言葉、お顔の表情から私は先生を信頼し、先生が私を苦境から解放することができると確信しました。
　たとえ弁護活動の専門家と言えども、先生のように人生を捧げ、私を救済する方はどの世界においても他には得られないと思います。
　そして、今もなお、私の心に新鮮な記憶として残る大切なことは、私を励まし勇気づけるために、ひとつのことわざを教えてくれたことでした。
　私が東京地裁で尋問を受けることになって怖気付いている時、神山先生は、「虎の子を得るには虎に立ち向かわねばならない。さもないと虎の餌食になるかも知れず、虎の子を得ることもできない」と言われました。
　その言葉は、私の呼吸と鼓動を蘇らせ、その困難に立ち向かう勇気を与えてくれたのです。
　苦しい時に手を差し伸べる者こそが真の友、尊敬すべき者と私は思います。
　神山先生のリーダーシップは、不正義に対し正義が勝利するために大きな役割を果たしました。
　私と私の家族を本来の姿に戻してくれたのは、本当に神山先生のおかげです。
　もしかして、私と家族のためにブッダとして現れたのかも知れません。

　神山先生、70歳のお祝い、おめでとうございます。
　先生のことは一生忘れることはありません。
　神のご加護がありますように。ナマステ。

　　　　　　　　　無実のゴビンダ・プラサド・マイナリとマイナリ一家より
　　　　　　　　　　　　　　　　　ネパール、カトマンズにて

【掲載資料①】
東京高裁2000（平12）年4月20日の職権不発動判断・LEX/DB28055304

勾留の裁判に関する職権発動申出事件
東京高裁平一二（日）第四四〇号
平12・4・20第五特別部決定

主　　文

本件申出にかかる被告人の勾留については、職権を発動しない。

理　　由

一　刑訴法九七条二項、同規則九二条二項によると、上訴中の事件で訴訟記録が上訴裁判所に到達していないものについての勾留の期間更新、勾留の取消し、保釈若しくは勾留の執行停止、若しくはこれの取消しについては、「原裁判所が、その決定をしなければならない。」としている。これは、右のような事件についての身柄処分の権限を原裁判所に専属させる趣旨と解するほかはない。

二　もっとも、これらの規定には勾留に関する明文がないが、八海事件に関する最高裁昭和四一年一〇月一九日決定（刑集二〇巻八号八六四頁）は、勾留についても、身柄に関する右各処分と同様に、原裁判所が権限を有するとする趣旨の判示をしている。

三　ところで、本件については、平成一二年四月一四日に原裁判所で無罪の判決が言い渡されたばかりであり、現時点では、訴訟記録は当裁判所に到達していない（なお、原裁判所に対する照会の結果によると、当裁判所への記録の到達は五月一日になる予定であるとの由であり、事案の性質や公判調書に対する異議申立て期間などを考慮すると、これ以上早く記録の送付を求めることはできない。）。

四　そうすると、当裁判所は、本件について被告人を勾留する権限を有しないといわなければならない。

五　これに対し、検察官は、（1）最高裁の前記判例を援用して、裁判所は、無罪判決により勾留状が失効した後でも、勾留の理由と必要があれば改めて勾留状を発付することができ、現に、無罪判決の後で新たな勾留状が発付された実例もある、（2）本件については、〔1〕犯罪の嫌疑及び刑訴法六〇条一項一号ないし三号の事由があり、しかも、〔2〕不法入国の外国人である被告人については現在退去強制手続きが進行

42　第1部　「楽しくやって、あきらめない」── 無罪獲得の弁護術

中であるから、もし現時点で被告人を勾留しなければ、将来の控訴審における審理が実質上不可能になり、三審制度を有名無実化することにもなる、などと主張している。

六　（1）の主張について

しかし、所論援用の判例は、一審で無罪とされた被告人につき控訴審が無罪判決を破棄して死刑を言い渡した事案において、原裁判所である控訴審が自ら勾留状を発付した措置を是認したものであって、本件におけるように、無罪判決をした原裁判所が勾留状発付の職権発動をしないとした事案において、訴訟記録の到達していない控訴審が勾留状発付の権限を有するかどうかという論点については、むしろ消極の見解を示したものと考えられる。また、所論援用の実例は、いずれも、訴訟記録が控訴審に到達して実質審理が開始された後のものであるから、本件のような事案についての参考になるものではない。

七　（2）の主張について

確かに、無罪判決に対する検察官の上訴権を認めながら、被告人の帰国をそのまま許すと実質上上訴権の実効を失わせる恐れがあるということは、一般的にいえば、一つの問題点には違いない。しかし、本件においては、控訴審でも被告人の弁護を引受ける予定の原審弁護人の一人が、その事務所を訴訟記録の送達場所として届け出る意向を表明しているから、控訴審の審理が実質的に不可能ないし困難になるという恐れは大きくない。

のみならず、仮に検察官の主張するような危惧があるとしても、そのことは、原判決後の勾留の権限につき、刑訴法及び同規則の明文に反した解釈をすることを正当化するものではない（もし、このような運用が大きな問題であるというのであれば、将来立法によって解決するほかない。）。

翻って考えると、そもそも不法入国外国人の事件においては、第一審で無罪判決が言い渡された場合に、被告人の強制送還により控訴審の実質審理が困難になるという事態は、現行法を前提とする限り容易に予測されるのである。したがって、検察官としては、このような事案においては、第一審の審理に特に遺漏なきを期すことによりそのような事態を未然に防ぐことに万全の意を用いるべきであって、それでもなお検察官の主張が裁判所の容れるところとならなかった場合には、被告人の帰国により控訴審の審理が円滑を欠くことになる事態があり得るとしても、現行法上はやむを得ないものと割り切るほかはない。

八　検察官は、さらに、当裁判所に対し原審から訴訟記録を取り寄せるなどして実質判断をされたいとも主張しているので、あるいは、そのような措置により当裁判所が勾留に関する権限を取得するという見解を前提としているのかも知れない。

しかし、法と規則は、身柄に関する処分の重要性にかんがみ、その権限の所在を、「訴訟記録の到達」という明確な事実により原審と控訴審に分配していると考えられ

るのであって、その権限が、検察官主張のような一時的な記録の借出し等によって一時的にせよ当裁判所に移動すると考えるのは相当でない。そうではなく、記録の借出しによって一時的に身柄処分に関する権限が高裁に移動すると考えると、その権限が記録の返還とともに再び地裁に戻り、正式な送付とともに再度高裁に移るということになり、実務上煩に堪えず適当でない。

　九　もともと、法と規則が、身柄の処分に関する権限を記録の到達の時点で原審と控訴審に明確に振り分けた趣旨は、記録のある裁判所がこの点に関する判断を最も適切にすることができ、実務上も便宜であると考えられたからであろう。まして、本件のように、原審が犯罪の証明がないとして無罪の判決を言い渡している場合に、本案裁判所でもない当裁判所が（この点については一二項参照）、改めて勾留状を発付することが適切かどうかというような微妙な判断を、一時的な記録の借出しによってするのは、実質的にも適切でないというべきである。この点は、勾留等に関する通常の抗告事件において、記録の借出しによって抗告審の判断がされている場合とは、実質的に同一に考えることはできない。

　一〇　更に若干補足しておく。刑訴法三四五条は、無罪や執行猶予の判決が言い渡された場合には、勾留状が失効すると規定している。これは、そのような裁判所の判断が示された以上その判断は尊重されるべきであって、ともかく一旦は被告人の身柄を釈放するのが適当であると考えられたからであろう。したがって、例えば、一旦釈放した被告人の身柄を、特段の事情もなく、直ちに再び拘束することができるというような解釈は、この規定を実質的に空文化するもので適切でないといわなければならない。

　もちろん、無罪判決により釈放した被告人の身柄は、どのような事情があっても再び拘束することができないというような解釈は、窮屈に過ぎる。しかし、そのようにして釈放された被告人の身柄を再び拘束するためには、再度の拘束を正当化する何らかの事情が必要であると考えるべきであり、前記八海事件の判例の事案はまさにこのような事情のある場合に関するものであった。そして、従前の実務において、第一審の無罪判決の後控訴審が被告人を勾留した事案も、控訴審が審理を遂げ有罪の心証を固めた後のことと考えられるのであって、実質審理もしていない上級審が、無罪判決の直後に記録の借出しによって、再度勾留状を発付した前例は見当たらない。

　一一　さらに、本件において検察官は、当初原裁判所に対して勾留状発付の職権発動を促し、これが容れられないとみるや、一転して控訴審に職権発動を求めてきたものである。ところで、当事者が申立権を有しない事項につき裁判所の職権発動を求めたがその発動がされなかった場合には、このような「職権不発動」の裁判に対する上訴は許されないというのが実務の確定した見解である。もし、本件において、検察官の職権発動の求めに応じ当裁判所が勾留状を発付したとすれば、職権発動をしないと

いう原裁判所の判断に対し実質的な上訴を認めたのと同一の結果になり、この点でも適切でない。

　一二　なお、念のため付言すると、本件については、訴訟記録が当高等裁判所に未だ到達していないため、現時点では、本案の審理を担当する受訴裁判所（訴訟法上の意味の裁判所）も決定していない。したがって、以上に示した見解は、そのような時点において、本案の審理をすることを前提としていない当第五特別部限りのものであって、当然のことながら、受訴裁判所の判断を拘束するものではない。

（裁判長裁判官・木谷明、裁判官・本間榮一、裁判官・村木保裕）

【掲載資料②】
検察官の勾留職権発動申出に対する弁護人意見書（2000年5月8日）

意見書

被告人　ゴビンダ・プラサド・マイナリ

　右の者に対する強盗殺人被告事件につき、検察官から職権による勾留状発付要請の申立があり、これに対して、弁護人は二〇〇〇年五月一日付で意見書を提出いたしましたが、被告人の勾留質問にあたり、さらにこれに補充して、左記のとおり意見を述べます。

二〇〇〇年五月八日

右弁護人　神山　啓史
同　石田省三郎

東京高等裁判所第四刑事部　御中

記

　このような不正義が行われてよいのでしょうか。

　検察官が被告人に対する職権による勾留状の発付を求めたのは、これで三回目になります。

　四月一八日、控訴と同時に原審裁判所に出したのが一度目、この要請が受け入れられなかった一九日、東京高等裁判所に対して即日行ったのが二度目でした。

　要請を受けたいずれの裁判所も、当然のことながら直ちに、職権発動をしないとの決定を出されました。

　その、最大の理由は、言うまでもなく、被告人がすでに無罪の判決を受けているからというものです。

　刑事訴訟法は、無罪や執行猶予の判決があったときは、それまでの勾留状は、その効力を失うと定めています。執行猶予はともかく、無罪の判決により、勾留の効力が失効するとしているのは、そのような判決があったそのこと、それ自体で、勾留の前提である「罪を犯したことを疑うに足りる相当の理由」が消滅したと考えているからに他なりません。

　先の高裁決定は、形式的には、未だ記録が高裁に送付されていないとの理由で、門

前払いされた形になっていますが、よく読めば、よほどの事情がなくては、このような場合勾留するなどと言うことはもってのほかであると、極く当然のことを言い、検察官の法を無視した執拗な横暴を諫めているという点にその実質があります。

　二年余に亘って被告人を目の前にして直接審理にあたった原審裁判所が、勾留の要件も必要性もないと判断し、高裁は、その理論的裏付けを詳細に明らかにしました。それに抗して、みたびこのような要請をした検察官の不正義は、極めて明らかです。

　ですから、貴裁判所には、本来被告人に勾引状を出す必要など全くなかったのです。勾留質問などすることなく、直ちに検察官の要請を拒否されればよいのです。

　検察官のこのたびの申立てにおいても、事実についての新たな主張や新証拠の存在は、指摘されていないとのことですから、前記高裁決定が言うように、先の二つの決定のときと何ら証拠状況は、変わっていないのです。それとも、高裁決定とは違って、送付された記録を読んで原審は異なった心証を得ることにより、すぐに勾留できるとでもお考えなのでしょうか。しかし、それは全く誤っています。いくら優秀な裁判官といえども、わずかの期間で、記録を検討するなどできないばかりか全く審理を経ないで、それをすることは、なによりも長期間慎重に審理して無罪の結論を得られた原審裁判所への冒涜以外の何ものでもなく、法もこれを絶対に許容してはいません。それが条理というべきです。検察官が主張するような、「刑の執行」など考える余地はないのです。当然のことですが、これまでに、そのような先例も全くありません。

　検察官は、被告人が外国人であるそのことだけの理由で、身柄を拘束しようとしています。しかしそのような発想が国際的に受け入れられるはずもありません。

　現に三人の裁判官が、検察官は、「合理的疑いを越えて」被告人の有罪を立証できなかったことを認定したと言うこと自体、本件には、客観的、本質的、絶対的に「合理的疑い」が存することを忘れてはなりません。

　被告人は、原審の終結にあたり、このように述べました。

　「私は無実です。裁判官、私の目を見てください。」

　裁判長はこのとき、被告人の目を見返されましたが、その澄んだ目に被告人の無罪の心証を得られたことは、疑いないでしょう。

　貴裁判所の裁判官が、法と良心に従う裁判官として、否、一個の人間として、勾留質問の場で被告人に会われれば、勾留の要件や必要性がなく、検察官の要請が、いかに不正義であるかが、たちどころにわかるはずです。

　そうでなければ、国際社会に一定の地位を占めようとする我が国の司法制度に大きな汚点を残すことになります。国家の不当な権力行使をチェックすることにこそ裁判所の存在意義があります。国民は、それを裁判官に期待しているのです。

　私たちは、貴裁判所の裁判官に良心があることを望みます。

以上

【掲載資料③】
東京高裁2000（平12）年5月19日の勾留決定に対する弁護人の異議申立てに対する棄却決定・LEX/DB28051824

勾留の裁判に対する異議申立事件
東京高裁平一二（け）第一〇号
平12・5・19第五刑事部決定

主　　文

　本件異議の申立てを棄却する。

理　　由

　本件異議の申立ての趣意は、弁護人神山啓史作成の異議申立書に記載されているとおりであるから、これを引用する。

　所論は、要するに、被告人は、第一審において無罪判決を受けており、被告人を勾留する理由も必要性も全くないにもかかわらず、被告人に対して、罪を犯したことを疑うに足りる相当な理由があり、刑訴法六〇条一項各号の理由があるとして被告人を勾留した原裁判は違法であるから、原裁判を取消した上、被告人の勾留について職権を発動しない旨の決定を求める、というのである。

　そこで、一件記録を調査して検討するに、本件につき職権により被告人を勾留した原裁判は正当であり、所論のような違法はない。以下、所論に従い、当裁判所の判断を示すこととする。

一　本件勾留に至る経緯
　1　本件公訴事実は、「被告人は、平成九年三月八日深夜ころ、東京都渋谷区円山町〈番地略〉××荘一〇一号室において、甲野花子（当時三九年）を殺害して金員を強取しようと決意し、殺意をもって、同女の頸部を圧迫し、よって、そのころ、同所において、同女を窒息死させて殺害した上、同女所有の現金約四万円を強取したものである。」というのであるが、被告人は、平成一二年四月一四日東京地方裁判所刑事第一一部（以下「原裁判所」という。）において、本件公訴事実につき無罪の判決を受けた。

　　無罪判決の理由の骨子は、「××荘一〇一号室の水洗便所の便器内から発見されたコンドーム内の精液及び同室から発見された陰毛の血液型やＤＮＡ型が被告人のそれと合致しており、精液の精子の状況が被害者の殺害時期と矛盾しないこと、被害者のショルダーバッグの取っ手から被告人と同じＢ型の血液型物質が検出されていること、被告人が犯行時に一〇一号室の鍵を所持していたとまではい

えないが、犯行時に一〇一号室が空室であることは熟知していたこと、被告人には現金奪取の動機は否定できないこと、被告人が犯行時刻に一〇一号室に存在することは十分に可能であったこと、被告人が被害者とは面識があったのに、捜査段階では、これを否定する行動に出ていたこと等の事情が認められ、被告人が本件の犯人であると推認することができるように思われる。しかし、本件コンドームの遺留、第三者の陰毛の存在、被害者の定期券入れ及び被害者の一〇一号室の独自使用の可能性について、解明できない疑問点が残り、結局、検察官が主張する被告人と犯行との結びつきを推認させる各事実を総合しても、いずれも反対解釈の余地がなお残る事実として、不十分なものであるといわざるを得ない一方で、被告人以外の者が犯行時に一〇一号室内に存在した可能性が払拭しきれない上、被告人が犯人だとすると矛盾したり合理的に説明が付けられない事実も存在するというほかはないから、被告人を本件犯人と認めるには、なお、合理的な疑問を差し挟む余地が残されているといわざるを得ない。」というのである。

2　同年四月一八日、東京地方検察庁検察官は、右無罪判決について、事実誤認を理由として控訴を申し立て、併せて、原裁判所に対し、控訴裁判所に本件訴訟記録が送付され、同裁判所において被告人の身柄についての判断が可能となるまでの間、被告人の身柄を確保すべき緊急の必要性が存するので、職権により、被告人に勾留状を発付されたい旨の職権による勾留状の発付要請の申立てを行ったが、原裁判所は、同月一九日、職権を発動しない旨の判断をした。

3　同日、東京高等検察庁検察官は、当庁に対し、被告人には刑訴法六〇条により新たにその身柄を勾留すべき事情が明らかに認められるので、当庁において被告人を勾引の上勾留状を発付されたい旨の職権による勾留状の発付要請の申立てを行ったが、当庁第五特別部は、同月二〇日、本件については、原裁判所で無罪の判決が言い渡されたばかりであり、現時点では、訴訟記録が当裁判所に到達していないから、刑訴法九七条二項、同規則九二条二項の解釈上、当裁判所は本件について被告人を勾留する権限を有しないとして職権を発動しない旨の決定をした。

4　同年五月一日、本件の訴訟記録が当庁に到達し、本件の控訴事件が当庁第四刑事部に配点されたことに伴い、東京高等検察庁検察官は、同部に対し、被告人につき職権による勾留状の発付要請の申立てを行った。同月八日、同部は、受命裁判官により被告人に対する勾留質問を行い、同日、被告人に対し、刑訴法六〇条一項各号の理由があるとして、職権により勾留状を発付した。

二　所論に対する判断

1　所論は、被告人は、本件について、原裁判所で無罪判決を受けており、このことは、被告人には犯罪を犯したことを疑うに足りる相当な理由がないことを何よりも示している、刑訴法三四五条が無罪の判決により勾留状が失効するとしているのは、そのような判決があったことそれ自体で、勾留の前提である「罪を犯し

掲載資料①　**49**

たことを疑うに足りる相当な理由」が消滅したと考えているからにほかならない、と主張する。

しかし、刑訴法六〇条によると、裁判所は、被告人が罪を犯したことを疑うに足りる相当な理由がある場合で、同条一項各号に定める事由があるときは、被告人を勾留することができることになっており、その時期については、何らの制限もないのであるから、第一審裁判所において無罪判決が言い渡された場合であっても、検察官が勾留の判決に控訴を申し立て、控訴審裁判所（受訴裁判所）に一件記録が送付された以降は、控訴審裁判所は、控訴審の審理を始める前であっても、一件記録を検討して、被告人に「罪を犯したことを疑うに足りる相当な理由」があるかどうかを判断することができ、そして、被告人に同条一項の要件があり、かつ勾留の必要性が認められる場合には、被告人を勾留することができるものといわなければならない。検察官の広範な上訴権を容認する現行刑訴法の解釈として見た場合、刑訴法三四五条が所論のような見解を前提としているものとは思われない。第一審裁判所による無罪判決の存在は、被告人に「罪を犯したことを疑うに足りる相当な理由」があるかどうかを判断するに当たって慎重に検討すべき一事情にとどまるものというべきである。

そして、一件記録を精査検討すると、被告人が本件強盗殺人の罪を犯したことを疑うに足りる相当な理由があることは明らかである。

なお、所論は、当庁第五特別部の決定を援用し、無罪判決により勾留状の失効した被告人の身柄を再び拘束するためには、再度の拘束を正当化する何らかの事情が必要であると主張し、控訴審裁判所は、勾留の要件としての「罪を犯したことを疑うに足りる相当な理由」については、控訴審の審理を行っていない段階においては、第一審判決の判断に拘束され、また、仮に控訴審裁判所が無罪判決に拘束されることなく独自に判断できる場合があるとしても、それは控訴審が審理を遂げ有罪の心証を固めた場合や、少なくとも、控訴審の審理において、検察官の事実取調べ請求が認められて新たな証拠が取り調べられ、証拠状況が第一審と異なった場合でなければならない、控訴審裁判所が送付された記録を読んだだけで無罪判決に容喙できるとすれば、刑訴法三四五条を空文化し、同法三七二条以下の控訴審審理の規定に違反し、適正手続を保障した憲法三一条、一事不再理を定めた同法三九条前段にも違反する、というのであるが、所論の援用する当庁第五特別部の決定の判示部分は明らかに傍論であり、その当否につき直接言及する必要は認められないし、その余の所論は、前記のとおり、刑訴法六〇条の趣旨や、検察官の広範な上訴権を容認する現行刑訴法の規定を前提にすると、採用し難い独自の見解というべきである。

2　所論は、被告人には刑訴法六〇条一項各号の事由が存在しないし、被告人を強制退去させないために勾留しておくというのは、明らかに勾留の濫用であり、同法六〇条、憲法三一条、三四条に違反する、というのである。

しかし、被告人は、第一審の無罪判決後、東京入国管理局庁舎に収容されてい

たもので、住居不定であることは明らかであり、刑訴法六〇条一項一号に該当する。

　次に、本件事案の内容・罪質、被告人の供述態度、第一審の審理状況等に照らすと、被告人が犯行当時居住していた〇〇ビル四〇一号室の同居人等の関係者と通謀するなどして、××荘一〇一号室の鍵の返還状況、被告人の借金返済状況、犯行当日の被告人の行動状況等について、罪証を隠滅するおそれがあり、同条一項二号に該当する。

　さらに、被告人は、第一審の無罪判決の言渡しにより従前の勾留状が失効した結果、被告人の退去強制手続が開始されており、退去強制が行われた場合、被告人は本邦外に出て控訴審裁判所の審理手続を回避する結果となるから、同条一項三号の「逃亡すると疑うに足りる相当な理由がある」場合に該当する。

　そして、以上の諸事情にかんがみれば、控訴審において本件強盗殺人被告事件の適正かつ迅速な審理を実現するためには被告人を勾留する必要性も認められる。本件においてそれは、控訴審では原則として被告人に出頭義務のないことや、弁護人が送達受取人として選任されていることによっても左右されないというべきである。

　したがって、被告人に勾留状を発付した原裁判に所論のような刑訴法六〇条、憲法三一条、三四条の違反は存在しない。

　よって、本件異議の申し立ては理由がないことに帰するから、刑訴法四二八条三項、四二六条一項により主文のとおり決定する。

（裁判長裁判官・髙橋省吾　裁判官・青木正良　裁判官・村木保裕）

【掲載資料④】
弁護人の特別抗告申立書（2000〔平12〕年 5 月23日）

特別抗告申立書

被告人　ゴビンダ・プラサド・マイナリ

　右の者に対する強盗殺人被告事件について、平成一二年五月一九日東京高等裁判所第五刑事部がした異議申立棄却決定に対し、左記のとおり特別抗告の申立をいたします。

二〇〇〇年五月二三日

右弁護人　神　山　　啓　史
同　　　石　田　省三郎
同　　　丸　山　輝　久
同　　　神　田　安　積
同　　　佃　　　克　彦

最高裁判所御中

記

申立の趣旨

　原決定を取り消し、平成一二年五月八日東京高等裁判所第四刑事部がした勾留の裁判を取り消す旨の決定を求めます。

申立の理由

（はじめに）
　東京高等裁判所第四刑事部は、平成一二年五月八日、被告人には、「罪を犯したことを疑うに足りる相当な理由」があり、刑訴法六〇条一項一号、二号、三号の事由があるとして、被告人を勾留しました。
　そして、右勾留の裁判に対する弁護人からの異議申立に対して、原裁判所は、右勾留の裁判は正当であり、違法はないとして、異議申立を棄却する旨の決定をいたしました。

しかし、右いずれの裁判にも、刑事訴訟法四三三条一項、同四〇五条各号に規定する事由があり、したがって、右各決定は取り消されるべきであります。

第一に、無罪判決により従前の勾留状の効力が失効した後、上訴審裁判所が、「罪を犯したことを疑うに足りる相当な理由」があるとして勾留することができる湯合の基準に関する判断につき、勾留裁判及び原決定には、

1、 憲法三一条、三九条違反（刑訴法四〇五条一号）

2、 最判昭和二五年一二月二四日（刑集四巻一二号二六二一頁）及び最大判昭和三一年七月一八日（刑集一〇巻七号一一四七頁）と相反する判断（同条二号）

3、 東京高裁第五特別部平成一二年四月二〇日決定と相反する判断（同条三号）

4、 刑訴法三四五条、三七二条以下の違反（同四一一条一号）

があります。

第二に、無罪判決を受けた被告人に、控訴審審理が始まっていない段階で、具体的内容を示すことなく罪証を隠滅すると疑うに足りる相当な理由があると認定した判断には、憲法三一条、三四条違反（刑訴法四〇五条一号）があります。

第三に、被告人に出頭義務がなく、すでに送達受取人の選任がされている控訴審において、刑訴法六〇条一項一号、三号を理由に、控訴審審理の遂行のために被告人を勾留する必要があるとした判断には、

1、 憲法一四条違反（刑訴法四〇五条一号）

2、 東京高裁第五特別部平成一二年四月二〇日決定と相反する判断（同四〇五条三号）

3、 刑訴法六〇条違反（同四一一条一号）

があります。

第四に、百歩譲って、控訴審審理のために強制退去を阻止することが必要であるとしても、その手段として勾留をすることが許されるとした判断には、

1、 憲法一四条、三一条、三四条違反（刑訴法四〇五条一号）

2、 東京高裁第五特別部平成一二年四月二〇日決定と相反する判断（同条三号）

3、 刑訴法六〇条、市民的及び政治的権利に関する国際規約（人権B規約）九条一項、同三項、同法一四条二項違反（同四一一条一号）

があります。

また、被告人は第一審において無罪判決を受けており、被告人を勾留する理由も必要性も全くないのですから、「罪を犯したことを疑うに足りる相当な理由」があるとした勾留裁判及び原決定には、決定に影響を及ぼすべき重大な事実誤認があり、原決定を破棄しなければ著しく正義に反します（刑訴法四一一条三号）。

第一 「罪を犯したことを疑うに足りる相当な理由」の判断基準について

一 無罪判決により従前の勾留状の効力が失効した後、上訴審裁判所が、「罪を犯したことを疑うに足りる相当な理由」があるとして勾留することができる場合の判断基準につき、原裁判所と東京高等裁判所第五特別部とは、実質的に相反する

判断を行っています。

　原決定は、「刑訴法六〇条によると、裁判所は、被告人が罪を犯したことを疑うに足りる相当な理由がある場合で、同条一項各号に定める事由があるときは、被告人を勾留することができることになっており、その時期については、何らの制限もないのであるから、第一審裁判所において無罪判決が言い渡された場合であっても、検察官がこの判決に控訴を申し立て、控訴審裁判所（受訴裁判所）に一件記録が送付された以降は、控訴審裁判所は、控訴審の審理をはじめる前であっても、一件記録を検討して、被告人に『罪を犯したこと疑うに足りる相当な理由』があるかどうかを判断することができ、そして、被告人に同条一項の要件があり、かつ勾留の必要性が認められる湯合には、被告人を勾留することができるものといわなければならない。検察官の広範な上訴権を容認する現行刑訴法の解釈としてみた場合、刑訴法三四五条が所論のような見解を前提としているものとは思われない。第一審裁判所による無罪判決の存在は、被告人に『罪を犯したことを疑うに足りる相当な理由』があるかどうかを判断するに当たって慎重に検討すべき一事情にとどまるものというべきである」としています。

　これに対して、第五特別部の決定は、「刑訴法三四五条は、無罪や執行猶予の判決が言い渡された場合には、勾留状が失効すると規定している。これは、そのような裁判所の判断が示された以上その判断は尊重されるべきであって、ともかく一旦は被告人の身柄を釈放するのが適当と考えられたからであろう。したがって、例えば、一旦釈放した被告人の身柄を、特段の事情もなく、直ちに再び拘束することができるというような解釈は、この規定を実質的に空文化するもので適当でないといわなければならない。

　もちろん、無罪判決により釈放した被告人の身柄は、どのような事情があっても再び拘束することができないというような解釈は、窮屈にすぎる。しかし、そのようにして釈放された被告人の身柄を再び拘束するためには、再度の拘束を正当化する何らかの事情が必要であると考えるべきであり、前記八海事件判決の事案はまさにこのような事情のある場合に関するものであった。そして、従前の実務において、第一審の無罪判決の後控訴審が被告人を勾留した事案も、控訴審が審理を遂げ有罪の心証を固めた後のことと考えられるのであって、実質審理もしていない上級審が、無罪判決の直後に記録の借出しによって、再度勾留状を発布した前例は見当たらない。」と判断しています。

　このように原決定と第五特別部の決定との間には、無罪判決により釈放した被告人に対して、「罪を犯したことを疑うに足りる相当な理由」があると判断して、勾留することができる湯合とはどのような湯合かについての判断に、明らかな違いがあります。

　端的に言えば、第五特別部の決定は、「再度の拘束を正当化する何らかの事情が必要である」としているのに対し、原決定は「そのような制限はない」としているのです。

二　我々は、第五特別部の決定の考え方こそ正しいと考えます。

1　刑訴法三四五条による勾留状失効後の再勾留についての議論の状況は次のようにまとめられています。

「刑訴法三四五条所定の裁判の告知による勾留状失効後においても、上訴の申立があった後は、再勾留が可能であるとするのが通説であり、また判例（最三小判昭二九・一〇・二六裁判所時報一七三号一八〇頁）でもある。これに対しては、岩田前最高裁判事の反対説（法曹時報七巻三号五一頁）がある。同判事の所説は、法三四五条所定の裁判は被告人の身体的拘束を要しないことを内容とするものであるから、右裁判が上訴審において破棄されないうちは、たとえ上訴審であっても再勾留は第一審裁判の効力と矛盾抵触するもので許されない。というのである。これは、勾留実務がややもすれば便宜的に行われることなしとしないことに対する批判としては傾聴すべき所説である。」（小泉祐康・判タ二九六号二三二頁）

現在も理論状況は右解説以上にすすんでいません。

要するに、控訴審において再勾留することは可能であるとして、本件のように、審理が始まっていない段階で、送付された記録だけを読んで、無罪判決があるのに「罪を犯したことを疑うに足りる相当な理由」を認定できるのかについては、明確な解釈は未だないのです。

2　そして、この点を判断するに当たっては、控訴審の構造・性格との整合性を考えに入れることが不可欠です。

最判昭和二五年一二月二四日は、「控訴審における事実の取調べは一審判決の当否を判断するに妥当な範囲に限られ、旧法における覆審の場合のように新たな事実の認定や刑の量定を目的としてされるべきものではない。」と判示し、控訴審の構造は、判例・学説ともに「事後審査審」であるとされています。

現行刑訴法は、一審の審理を充実させ、その審理の結果である一審判決を尊重して、控訴理由を制限し、控訴審の事実取調を制限しています。

このような基本的理解を前提にすれば、控訴審が審理も始めていない段階で、一審判決の判断と実質的に異なる判断を独自にすることは許されないはずです。

勾留裁判及び原決定の考え方は、判例・学説で確立されている控訴審は事後審査審であるという考え方と相容れないものです。

3　また、最大判昭和三一年七月一八日は、「第一審判決が被告人の犯罪事実の存在を確定せず無罪を言い渡した場合に、控訴裁判所が何ら事実の取調をすることなく第一審判決を破棄し、訴訟記録並びに第一審裁判所において取り調べた証拠のみによって、直ちに被告事件について犯罪事実の存在を確定し有罪の判決をすることは刑訴法四〇〇条但書の許さないところである」と判示しています。

この趣旨に照らせば、控訴審裁判所が一件記録だけを読んで「罪を犯したこ

と疑うに足りる相当な理由」があると認定することも許されないと言わなければなりません。

4　小泉氏は、前記論稿の中で、再勾留できる湯合として、「検察官が上訴を申し立てているときで、上訴審による破棄が予想され、しかもその内容が身柄の拘束を必要とするような例外的な場合に限られるであろう。」と述べていますが、前記判例の趣旨を踏まえれば、「上訴審による破棄が予想される」というのは、少なくとも新証拠の摘示等があり、これが適法に取調べられ、判断に供されれば、認定が覆る蓋然性が高い場合を指していると考えなければなりません。

　前記第五特別部の決定も同様の考慮をしていると思われます。原決定のように送付された記録を読むだけで再勾留の可能性があるというのは、控訴審を「続審」とする考え方であり、原決定の解釈こそ判例・学説上「採用しがたい独自の見解」というものです。

5　このように控訴審裁判所が、一般論として勾留の要件としての「罪を犯したことを疑うに足りる相当な理由」を独自に判断し得るとしても、控訴審の審理を行っていない段階においては、一審判決の判断に拘束されるといわなければなりません。

　控訴審裁判所が、無罪判決に拘束されることなく、被告人に「罪を犯したことを疑うに足りる相当な理由」があるかどうかを判断することができる場合があるとしても、それは、控訴審が審理を遂げ有罪の心証を固めた後のことでなくてはなりません。少なくとも、控訴審の審理において、検察官の事実取調請求が認められて新たな証拠が取調べられ、証拠状況が一審と異なった場合でなければなりません。

6　控訴審裁判所が送付された記録を読んだだけで無罪判決に容喙できるとすれば、憲法、刑訴法の規定に著しく違反します。

　第一に、無罪判決により勾留状はその効力を失うと定めた刑訴法三四五条を空文化します。

　第二に、控訴審の審理手続を定めた刑訴法の適正手続は無視されます。

　一審判決の判断を変更するには、控訴趣意書の弁論それに対する答弁書の弁論を経て事実取調べを行うなどの審理を経なければなりません。

　かかる手続を踏まずに、原裁判所が「無罪」と異なる判断をすることは、前記判例や刑訴法三七二条以下の控訴審審理の規定（特に三八二条、三八九条、三九三条、三九七条等）に違反し、適正手続を保障した憲法三一条にも違反するものです。

　第三に、原決定の考え方では、既に無罪とされた行為について、適法な審理手続を経ることなく無罪と異なる判断を受けることになり、実質的に憲法三九条前段に保障する一事不再理に反することになります。

　最判昭和二五年九月二七日（刑集四巻九号一八〇五頁）は、憲法三九条は、

無罪判決を控訴審が覆すことを否定していないとしていますが、仮に覆すことが許されても、そのためには、控訴審が適法な審理を経ることを要件としています。

　また無罪判決に対する検察官上訴を認める見解は、刑訴法三四五条と密接に結びついているはずです。

　検察官の上訴を認めても、ともかく被告人は自由を回復するのであり、そうであれば、在宅事件として検察官の上訴に応訴することもやむを得ないというバランス判断があったはずです。

　本件勾留が認められるとなれば、一旦起訴がされた被告人は、無罪が確定するまでの身体の自由を奪われ続けることになります。これでは、無罪判決に対する検察官上訴を認める正当性は大きく崩れます。

　第四に、そしてなによりも、裁判所自身によって、一審判決の権威を踏みにじるものです。

　以上の考え方は、刑訴法四二〇条三項からも導かれるものです。右規定の趣旨は、「犯罪の嫌疑」の有無については正に裁判中であるからその判断を待つべきであるということにあります。

　そうであれば、一審判決直後の判断においては、「犯罪の嫌疑」の有無については、一審判決の判断に従うべきであることになります。

三　検察官は本件申立の中で、名古屋高裁平成一一年八月二四日の例を先例として引用しています。

　右事例は、確かに、控訴審の一回公判期日前に控訴審の受訴裁判所において勾留状を発付した事例ですが、本件とは事情を異にしています。

　右名古屋高裁の事例では、検察官の申立書の中に、控訴審において新たに提出すべき証拠が、その立証趣旨とともに具体的に摘示されていました。したがって名古屋高裁は、その証拠を見たかどうかはともかく、証拠の性質（ビデオテープであったと聞いています）、価値等を判断材料に入れた上、判断したと考えられます。

　つまり、前記東京高裁第五特別部のいう「再度の拘束を正当化する何らかの事情」が存在した事例なのです。

　これに対し、本件においては、検察官の申立内容は一審判決批判に終始しており、検察官からさえ「新証拠」の摘示がなされていないのです。

四　そもそも、本件においては、実質的に見ても、被告人には、「罪を犯したことを疑うに足りる相当な理由」がありません。

　原裁判は、「一件記録を精査検討すると、被告人が本件強盗殺人の罪を犯したことを疑うに足りる相当な理由があることは明らかである」といいます。

　しかし、被告人は本件について、四月一四日東京地方裁判所刑事第一一部により「無罪」の判決を受けているのです。

　この無罪判決は、検察官が請求した証拠をすべて取調べ、二年余、三四回に亘

る慎重な審理の結果得られた結論です。

　この結果は、一件記録を慎重に検討しても、被告人には「罪を犯したことを疑うに足りる相当な理由」がないことを何よりも示しています。

　刑訴法三四五条は、無罪や執行猶予の判決があったときは、それまでの勾留状は、その効力を失うと定めています。法が、無罪の判決により、勾留の効力が失効するとしているのは、そのような判決があったそのこと、それ自体で、勾留の前提である「罪を犯したことを疑うに足りる相当の理由」が消滅したと考えているからに他なりません。

　この意味において、原決定にはこれを破棄しなければ著しく正義に反する重大な事実誤認が存在することが明らかです。

第二　刑訴法六〇条一項二号の判断について
　一　被告人には、「罪証を隠滅すると疑うに足りる相当な理由」もありません。

　原決定は、「本件事案の内容・罪質、被告人の供述態度、第一審の審理状況等に照らすと、被告人が犯行当時居住していた××ビル××号室の同居人等の関係者と通謀するなどして、××荘一〇一号室の鍵の返還状況、被告人の借金の返済状況、犯行当日の被告人の行動状況等について、罪証を隠滅するおそれがあり、同条一項二号に該当する。」といいます。

　しかし、前述のとおり、一審の審理は、検察官の提出した証拠を全て取り調べており、被告人が罪証を隠滅する余地がそもそも存在しません。

　原決定の判断に促して言えば、同居人については、検察官調書の全部、証拠保全証人尋問調書が既に取調べられていますし、××ら関係者についても証人尋問が終了しています。むしろ、「第一審の審理状況に照らすと」罪証腿滅の余地がないことが明らかなのです。

　そもそも無罪判決を受けている被告人に、どうして「罪証を隠滅する」必要があるのでしょうか。一審審理の結果、有罪とする証拠は不十分であると判断されているのですから、被告人としては今さら何をする必要もありません。

　原決定の摘示した「××荘一〇一号室の鍵の返還状況」、「被告人の借金の返済状況」「犯行当日の被告人の行動状況」についても、いずれも被告人の弁解が排斥されていないのですから、通謀する必要性がないのです。原決定は、無罪判決を受けているという状況を念頭においた判断をしていません。

　二　原決定は、「罪証を隠滅するおそれ」について、具体的な内容を摘示していません。

　一審審理中においては、罪証隠滅のおそれについて、その対象、方法等を具体的に摘示するとかえって罪証隠滅を誘発する危険があり、具体的に摘示する必要はないと説明されることがあります。

　百歩譲って右理由を認めたとしても、本件勾留は審理を尽して一審判決が既に出ている段階であり、なお、罪証隠滅のおそれがあるというのであれば、具体的

な内容が摘示されることが不可欠です。

　そうでなければ、勾留の必要性について正当な理由があるかどうかの判断があいまいにされ、裁判所の恣意的な判断を防止できません。

　具体的事由がないにも関わらず、「罪証を隠滅するおそれ」があると認定した原決定の判断は、憲法三一条、三四条に違反します。

第三　刑訴法六〇条一項一、三号の判断について
一　被告人は、「定まった住居を有し」ています。

　被告人は、勾留質問において述べたとおり、ネパールにもどれば、妻子とともに両親のもとに居住します。住所地も明確になっています。

　被告人が、日本国内に住居を有しないのは、オーバーステイの有罪判決を受け、入管に収容されているからであり、被告人の意思によるものではありません。

　被告人には、「逃亡すると疑うに足りる相当な理由」もありません。

　被告人が国外退去になりネパールに帰されてしまうのは被告人の意思によるものではありません。

　被告人は控訴審が行われるのであれば、正々堂々と無実を明らかにしたいと希望しており、裁判から逃れる意思は全く持っていません。

　被告人は、裁判所から出頭を求められればいつでも来る旨、勾留質問においてはっきりと述べています。
二　原決定は、被告人が国外に退去させられた場合、控訴審裁判所の審理手続を回避する結果になるから、「控訴審において本件強盗殺人被告事件の適正かつ迅速な審理を実現するためには被告人を勾留する必要性も認められる。本件においてそれは、控訴審では原則として被告人に出頭義務のないことや、弁護人が送達受取人として選任されていることによっても左右されないというべきである。」といいます。

　勾留裁判は、刑訴法三九〇条但書により被告人に出頭を命じる場合等があることを指摘しますが、右規定は「被告人の出頭がその権利の保護のため重要であると認めるとき」であり、被告人が出頭しないときは被告人が権利を放棄したととらえればすむものです。そもそも被告人の「権利を保護」するために、被告人を「勾留」するというは背理です。

　また、勾留裁判は、送達受取人が選任されていても被告人が行方不明になれば連絡が取れなくなるといいますが、そもそも刑訴規則六二条四項は送達受取人に送達されたことをもって本人に送達されたとみなす規定であり、被告人と連絡のつかない不利益は被告人が負うことを前提としたものです。

　控訴審においては、被告人の出頭を要しないのですから、被告人に対し、裁判所の書類の送達が確実にできるようになっていれば、控訴審の審理は、進めることができ、そのような先例もあります。

　これまでの裁判実務では、オーバーステイで強制退去手続を受ける被告人が、

執行猶予付有罪判決に控訴した場合、被告人不在の控訴審はいくらも行われてきました。その際控訴審裁判所は一度として「審理に支障がある」といったことはありません。裁判に出頭したいと希望する被告人に対し「被告人なしでも裁判はできる」としてきたのです。

三　この点において、前記第五特別部の決定は、「本件においては、控訴審でも被告人の弁護を引き受ける予定の原審弁護人の一人がその事務所を訴訟記録の送達場所として届け出る意向を表明しているから、控訴審の審理が実質的に不可能ないし困難になるという恐れは大きくない」と判断しており、原決定の見解とは明らかに異なっています。

　　勾留裁判も、刑訴法の勾留の目的について、控訴審の審理のためであるとして将来の刑の執行の確保を目的とするものとは考えていない旨を述べています。原決定も「適正かつ迅速な審理を実現するため」と述べています。

　　そうであれば、本件においては、被告人が強制退去になったとしても控訴審の審理に支障がないことは明らかであり、被告人を勾留する必要は全くありません。

四　一審で無罪となった湯合、被告人が日本人であれば、勾留されるようなことはありません。しかし、日本人であっても行方不明になることはあるのであって、原決定のいう「適正かつ迅速な審理を実現する」必要性は、オーバースティの外国人のみが特別であるというものではありません。

　　原決定は、日本人は勾留する必要がなく、オーバースティの外国人は勾留するということであり、明らかに憲法一四条に違反します。

五　本件被告人が日本人と異なる実質的な差は、強制退去処分を受けているという点にのみあります。

　　検察官の申立書には、「勾留は、（中略）刑の執行のために被告人の身柄を確保しておくという制度である」ことを前提に、被告人を勾留しなければ「刑の執行が不可能になる」ということが強調されています。

　　原決定は、決定文上は勾留の目的を「適正かつ迅速な審理のための」としていますが、その実体は検察官の申立と同様「刑の執行の確保」のため勾留を認めているとしか考えられません。

　　判例・学説とも勾留の目的について、刑の執行の確保は、無罪推定原則に反するところから否定されており、原決定は、実質的に刑訴法六〇条に違反しています。

第四　強制退去を阻止するために勾留を利用することについて

一　検察官の申立は、端的に言えば、強制退去手続を阻止するために「勾留」制度を利用するというものです。

　　入管法六三条二項は、「退去強制令書が発付された場合には、刑事訴訟に関する法令（中略）の規定による手続が終了した後、その執行をするものとする」と規定されています。

　　現在の入管行政は、「刑事訴訟に関する法令の規定による手続」を「身柄拘束

手続」と限定的に解釈していることから、「勾留しない限り強制退去は阻止できない」と考えているのです。

二　しかし、強制退去させないために被告人を勾留しておくというのは、明らかに勾留の濫用であり、憲法一四条、刑訴法六〇条、憲法三一条、三四条に違反します。

　　弁護人は、無罪判決を受けたものは、刑訴法三四五条により、刑事手続上は完全な身体の自由を回復するものであり、検察官の上訴があったとしても、国外に家族がいれば国外に出る自由があると考えますが、百歩譲って、上訴審の審理のために国外退去は停止されるべきであるとしても、その手段として「勾留」制度を利用することは、許されるはずのないことです。

　　勾留するということは、国外退去を阻止する目的を踏まえて、日本国内における身体の自由をもはく奪してしまうからです。

三　刑の執行の確保をいうのであれば、国が外国と司法共助条約を結び、条約に基づいて被告人の引き渡しを求めるのが本来であり、国際的な常識です。

　　国外退去を阻止したいというのであれば、国が法律を整備し、裁判審理が終了するまで、入管手続を停止するような調整をするのが本来です。

　　具体的方策の一例として、入管を被告として「退去強制令書は裁判終了まで執行してはならない」という趣旨の行政訴訟を提起し、同時に退去強制令書の執行停止を申立る方法があります。

　　退去させられる被告人の側が提起したものですが、福岡地裁民事一部は、平成七年三月三一日に執行停止を認める決定をしています。

四　原決定は、被告人が外国人であるが故に国外退去を阻止するために勾留制度を利用することを許容するもので、被告人が日本人であれば、絶対にあり得ない決定であることは明らかであります。

　　この点において、原決定は、法の下の平等を定めた憲法一四条にも違反するものといわなくてはなりません。

五　結局、本件勾留の実体は、国家権力側の不備のツケを、同じ国家権力側の裁判所が、憲法、刑訴法を無視してまで、被告人に押しつけているというものです。

　　法律の解釈適用は、法定の要件が存在するか否かを客観的に判断するものです。

　　前記東京高裁第五特別部の決定は、「確かに無罪判決に対する検察官の上訴権を認めながら、被告人の帰国をそのまま許すと実質上上訴権の実効を失わせる恐れがあるということは、一般的にいえば、一つの問題点には違いない。」としつつ、「仮に検察官の主張するような危ぐがあるとしても、そのことは、原判決の勾留の権限につき、刑訴法及び同規則の明文に反した解釈をすることを正当化するものではない（もし、このような運用が大きな問題であるというのであれば、将来立法によって解決するほかない。）。」と判断しています。

　　右決定は正に、勾留制度について、刑訴法及び刑訴規則の明文に反した解釈を許すべきではないことを示しています。

「国外退去を阻止するために勾留しておくしかないだろう」という恣意的な運用は絶対に許されない違法です。

　市民的及び政治的権利に関する国際規約（人権B規約）第九条一項は、「すべての者は、身体の自由及び安全についての権利を有する。何人も、恣意的に逮捕され又は抑留されない。何人も法律の定める理由及び手続によらない限り、その自由は奪われない」、同三項は、「裁判に付される者は抑留することが原則であってはならず、釈放に当たっては、裁判その他の司法上の手続の全ての段階における出頭及び必要な場合における判決の執行のための出頭が保証されることを条件とすることができる」と規定しています。

　また、同法一四条二項は、「刑事上の罪に問われているすべての者は、法律に基づいて有罪とされるまでは、無罪と推定される権利を有する」と規定しています。

　第一審で無罪判決を受けているということは、審理中の「無罪推定」以上に強い「無罪推定」を受けるはずです。

　本件勾留及び原決定は、これを無視し、「条件付け」等の工夫で解決すべき問題を何の努力もすることなく、刑訴法六〇条を恣意的に運用して、身体の拘束を「原則」とするものであり、人権B規約に明らかに違反しています。

（結語）

　無罪判決を受け釈放された被告人に対し、控訴審審理をはじめていない段階において、送付された一件記録を読んだだけで、「罪を犯したことを疑うに足りる相当な理由」があるとして勾留することができるかについて、東京高等裁判所において相対立する二つの判断が存在しています。

　対立する判断の根底には、無罪判決の重さ、控訴審の構造・性格、勾留制度の目的等をどう考えるかについての基本的な見解の相違があります。

　原決定が、第五特別部の決定と対立する見解を明確に示した中には、考え方の決着を最高裁にゆだねる思いがあったと思われます。

　その意味で最高裁には実質的判断が期待されています。

　そして、その判断は、国際社会から注目されています。

　被告人は、勾留理由開示公判において、「無実なのに自分の国に帰れない。（略）私には全く理解することができません。」と述べました。

　日本国は、「無罪判決を受けてもなお身体を拘束される」国であると国際社会に宣明するのでしょうか。

　最高裁判所は、法と良心に従って、被告人の勾留はできないということを明らかにされることを信じています。

以上

【掲載資料⑤】
最高裁2000（平12）年6月27日の特別抗告棄却決定・LEX/DB28051453

勾留の裁判に対する異議申立て棄却決定に対する特別抗告事件
最高裁判所第一小法廷平成一二年（し）第九四号
平成一二年六月二七日決定

主　　文

　本件抗告を棄却する。

理　　由

　本件抗告の趣意のうち、憲法一四条違反をいう点は、原決定が外国人であることを理由として被告人を不当に差別したものとは認められず、憲法三九条違反をいう点は、勾留が刑罰でないことが明らかであるから、いずれも前提を欠き、判例違反をいう点は、事案を異にする判例を引用するものであって、本件に適切でなく、その余は、憲法違反をいう点を含め、実質は単なる法令違反、事実誤認の主張であって、いずれも刑訴法四三三条の抗告理由に当たらない。

　なお、裁判所は、被告人が罪を犯したことを疑うに足りる相当な理由がある場合であって、刑訴法六〇条一項各号に定める事由（以下「勾留の理由」という。）があり、かつ、その必要性があるときは、同条により、職権で被告人を勾留することができ、その時期には特段の制約がない。したがって、第一審裁判所が犯罪の証明がないことを理由として無罪の判決を言い渡した場合であっても、控訴審裁判所は、記録等の調査により、右無罪判決の理由の検討を経た上でもなお罪を犯したことを疑うに足りる相当な理由があると認めるときは、勾留の理由があり、かつ、控訴審における適正、迅速な審理のためにも勾留の必要性があると認める限り、その審理の段階を問わず、被告人を勾留することができ、所論のいうように新たな証拠の取調べを待たなければならないものではない。また、裁判所は、勾留の理由と必要性の有無の判断において、被告人に対し出入国管理及び難民認定法に基づく退去強制の手続が執られていることを考慮することができると解される。以上と同旨の原決定の判断は、正当である。

　よって、刑訴法四三四条、四二六条一項により、主文のとおり決定する。

　この決定は、裁判官遠藤光男、同藤井正雄の反対意見があるほか、裁判官全員一致の意見によるものである。

　裁判官遠藤光男の反対意見は、次のとおりである。

　私は、多数意見とはその見解を異にし、被告人に対する勾留状発付を適法とした原決定には、法令の解釈を誤った違法があり、かつこれを取り消さなければ著しく正義

に反すると認められる場合に該当するものと考える。

　一　本件第一審裁判所は、二年半余に及ぶ審理期間を通じて三二回の公判期日を開き、その審理を遂げた上、被告人が本件の犯人であることは動かし難いもののように思われるとしながらも、被告人を犯人と認めるには解明することのできない疑問点があり、合理的な疑いを差し挟む余地が残されているとして、被告人を無罪とする判決を宣告した。

　二　右無罪判決により、被告人に対する勾留状はその効力を失うに至った（刑訴法三四五条）。このため、不法残留中の外国人である被告人に対して退去強制令書が発付され被告人が国外に退去させられるおそれが生じたことから、検察官は、控訴提起に伴い、控訴審裁判所に対し被告人を勾留するよう求めた。
　本件抗告事件においては、控訴審裁判所がした勾留の裁判の適法性が争われており、特に、検察官の控訴提起により一件記録が控訴審裁判所に送付された後、控訴審裁判所がその実質的な審理を開始する前に一件記録を検討し、刑訴法六〇条一項の要件があるとして被告人を勾留することができるか否かが重要な争点の一つとされているところである。

　三　多数意見は、被告人が罪を犯したことを疑うに足りる相当な理由があり、かつ刑訴法六〇条一項各号に定める事由とその必要性があるときは、裁判所は、同条により職権で被告人を勾留することができ、その時期には特段の制約がないとした上、右の場合であっても、控訴審裁判所は、右要件を充足する限り、その審理の段階を問わず、被告人を勾留することができるとする。私も、右の前段の判断部分につき特に異論を唱えるものではなく、控訴審裁判所が必要に応じて職権で被告人を勾留し得る場合があることを否定するものではないが、右後段の判断部分については、直ちに賛成することができない。けだし、無罪判決により勾留状の効力が失われるとした刑訴法三四五条の法意にかんがみると、検察官の控訴に伴い控訴審裁判所が被告人を勾留するに際しての「罪を犯したことを疑うに足りる相当な理由」についての判断基準は、第一審段階に比してより高度なものが求められ、かつこれに連動して、勾留できるという判断が可能になる時期は、おのずから制約されるべきものと考えるからである。その理由は、次のとおりである。
　　1　刑訴法三四五条は、無罪判決等が告知された場合には、その確定を待たず直ちに勾留状が失効するものとしているが、その趣旨は、身柄拘束の必要性が消滅したことを宣言した裁判所の判断を何よりも尊重すべきものとしたことによるものと思われる。そうだとすると、いったん釈放した被告人の身柄を安易に再拘束することができるような解釈を採るべきではない。
　　2　勾留の裁判は、有罪の可能性を前提にして正当化されるのであり、法がその要件として「罪を犯したことを疑うに足りる相当な理由」があることを求めたのも、

正にこれに由来したものにほかならない。したがって、第一審段階でその存否を
判断するに当たっては、端的に「犯罪の嫌疑」そのものを対象としてこれを評価
すればよい。しかしながら、第一審において無罪判決がされた場合には、暫定的
とはいえ、裁判所自らがその存在を否定したのであるから、被告人に対する無罪
の推定はより一層強まったとみてよく、控訴審裁判所が新たに被告人を勾留する
に際しては、第一審段階におけると同じ基準でこれを評価すべきではない。少な
くとも、第一審判決が破棄され、最終的に有罪の判決がされる可能性があるか否
かを基準として判断されなければならない。

3　現行刑事訴訟手続における控訴審の構造が事後審制を採用している以上、控訴
審における審判の対象が公訴事実そのものではなく、第一審判決の当否に求めら
れることはいうまでもない。そうだとすると、勾留要件としての「罪を犯したこ
とを疑うに足りる相当な理由」についても、この観点から判断される必要がある
ものと解するのが相当である。

4　第一審判決の当否は、控訴審における適正手続を通じて判断されることにな
る。したがって、控訴趣意書及び答弁書が提出されるなどして（答弁書の提出が
ない場合には、その提出期限が経過した後）実質的な審理が開始される前に、控
訴審裁判所がその当否を判断することは、特段の事情が存しない限り、許されな
いものというべきである。また、控訴審裁判所が実質的な審理の開始前に一件記
録を検討したのみで被告人の勾留をなし得ることを認めるのは、第一審裁判所が
長期間にわたって各種の証拠を取り調べ、その証拠価値を検討するなどして審理
を遂げた成果を無視するに等しく、妥当というべきでない。特に、本件事案のよ
うに、被告人と犯行とを結び付ける直接的証拠が全く存在せず、幾つかの情況証
拠によってしかこれを立証し得ない場合の事実認定については、常に多くの困難
が付きまとうものであることは多言を要しないところである。第一審裁判所が、
これらの情況証拠の信用性やその重み、反対証拠との関連性などにつき慎重かつ
客観的に分析、検討することに努め、ようやくにして一つの結論を示し得た場合
に、控訴審裁判所が実質的な審理を開始する前に一件記録のみを検討し、これと
異なる判断を示すということは、裁判に対する信頼という観点からみても、到底
許され得るものではない。

　四　本件勾留は、被告人が不法残留により退去強制処分を受けることとなったた
め、被告人が不在のまま審理が進められたとすれば控訴審の実質審理に支障が生じる
おそれがあると考えられたこと、及び控訴審において第一審判決が取り消され、有罪
の判決が確定した場合の将来の刑の執行確保の目的を意図して行われた処分であるこ
とは疑いの余地がない。

　けだし、仮に被告人が不法残留の外国人でなかったとするならば、第一審において
無罪判決の宣告を受けた者に対し、たとえその者に住居不定その他の勾留要件が認め
られたとしても、控訴審裁判所がその実質的審理の開始前に一件記録を検討しただけ

で勾留するということは、およそあり得なかったと思われるからである。本来、控訴審手続においては、被告人が出頭しなくともその審理ができないわけではなく、特に、本件の場合、被告人は弁護人の一人を送達受取人として届け出ていたというのであるから、その審理に支障が生じることは考えにくいが、訴訟手続の進展いかんによっては、現実にそのような支障が生じる可能性もあり得るところであろう。このような事態の発生を考えると、被告人の国外退去強制処分をそのまま認めてしまってよいかは一つの問題というべきである。しかし、法は、これに対して何らの手当てをしていない。すなわち、出入国管理及び難民認定法に基づく行政処分と刑事法に基づく身体拘束処分との関係を調整するための規定が全く設けられていないのである。したがって、現行法を前提とする限り、入管当局としては、無罪判決の宣告により勾留状が失効した不法残留の外国人に対しては速やかに退去強制令書を執行せざるを得ず（出入国管理及び難民認定法六三条二項）、一方、司法当局としては、その執行を阻止するため無罪判決により勾留状が失効した被告人の身柄を確保すべき法的根拠を有しない。正に法の不備といわざるを得ないが、法の不備による責任を被告人に転嫁することは許されるべきことではない。例えば、一定の要件の下に、この種の不法残留者等に対しては退去強制処分の執行停止を認めることができる旨の規定を設けるなどしてこれに対応することが望まれよう（なお、この場合に、執行猶予付きの有罪判決を受けた不法残留等の外国人が自ら上訴し、いたずらに退去強制処分の執行を遷延することがないよう十分配慮する必要があることはいうまでもない。）。

　また、勾留は、本来、将来の刑の執行確保を目的として行われるべきものではないが、副次的にそのような一面を有していることは否定し難いところである。しかし、将来の刑の執行確保の必要性をいうのであれば、犯罪人の引渡し等を内容とする司法共助条約を締結することによってその解決を図るべきが当然であり、このような条約が締結されていないことを理由として、勾留の正当性を裏付けようとすることも許されないものというべきである。

　裁判官藤井正雄の反対意見は、次のとおりである。
　一　被告人に対し第一審で無罪の判決の言渡しがあったときは、勾留状はその効力を失うものとされている（刑訴法三四五条）。これは、禁錮以上の実刑判決が宣告されたときは保釈等は効力を失うとした規定（同法三四三条）とともに、第一審判決の結果を直ちに被告人の身柄の処理に反映させようとしたものである。
　無罪判決を受けた被告人に対して検察官が控訴を提起した場合において、控訴審裁判所が、必要があるときは、刑訴法六〇条一項により改めて被告人を勾留することができることはもちろんである。しかし、この場合に、控訴審裁判所が、第一審と全く同じに、「罪を犯したことを疑うに足りる相当な理由」（以下単に「嫌疑」という。）があれば直ちに再勾留することができると解するのは、問題がある（同項各号の要件が存在することは当然の前提とする。）。
　本件第一審判決は、被告人が犯人であることは動かし難いもののようにも思われる

としつつも、他方、被告人を犯人とするには合理的に説明できない疑問点が残り、有罪を認定するには不十分であるとして、被告人を無罪としたものであり、この判示から明らかなように、被告人に勾留の理由となった嫌疑があることは、なお否定されていない。しかし、たとえそうであるとしても、いったん無罪の判決があったときは、無罪の理由のいかんにかかわらず、身柄の拘束を解くというのが、刑訴法三四五条の定めるところである。そうだとすると、このような場合に、控訴審裁判所が、第一審の勾留の裁判におけるのと同じ基準の下に嫌疑が存することのみを理由として、他に特段の事情もなく被告人を再勾留することができると解するのは、同条を実質的に空文化することになりかねない。第一審で無罪判決があった事件を迎えた控訴審裁判所としては、第一審判決に誤りがあってこれを破棄すべきであるかどうかを審理するのであるから、被告人を再勾留し得るのは、第一審判決を破棄して有罪とする可能性があると判断される場合であることを要し、単なる嫌疑よりは高度のものが求められていると解される。原決定は、第一審の無罪判決の存在は嫌疑があるかどうかを判断するに当たって慎重に検討すべき一事情にとどまるというが、慎重に検討するということが、事実上ないし修辞上のものにとどまってはならないのであって、このように判断そのものの内容をなすのでなければならないと思う。

二　被告人の再勾留に至る経過を見ると、第一審判決に対し検察官から控訴があり、一件記録が控訴審に到達した後、第一回公判前で、かつ、控訴趣意書が提出されるよりも前に、控訴審裁判所は、記録のみの調査により本件勾留の裁判をしている。しかし、第一審裁判所が公判における証拠調べを経て犯罪の証明なしとして無罪の判決に至った事件につき、控訴審裁判所が第一審の記録と判決の調査のみで嫌疑ありとして勾留することを認めるのは、あまりに第一審判決を軽く扱うものであり、妥当とはいい難い（第一審判決が一義的に明白な法令解釈の誤りを犯したような場合は別であるが、本件はそのような場合ではない。）。控訴審裁判所としては、公判における審理を経るか、あるいは少なくとも控訴趣意書とこれに対する答弁書の提出を待ってこれを検討し、また、新たに提出されるべき証拠の存在が予告されるならばこれをしんしゃくした上、第一審判決を破棄する可能性があると認められるかどうかを判断して、再勾留の可否を決めるのが、控訴審における適正手続にかなうゆえんであると考える。そして、このように解釈することによって、刑訴法六〇条と三四五条との整合性が図られるというべきである。

三　記録によれば、被告人については、出入国管理及び難民認定法に基づく退去強制手続が開始されていることが明らかである。退去強制手続と刑事手続との関係については、同法六三条がこれを規定しており、同条二項の解釈上、勾留状が失効して釈放された被告人に対しては、退去強制令書の執行ができるものと解されている。これによれば、本件の被告人は、控訴審で勾留されない限り、国外退去を執行されてしまう可能性が高い。第一審で無罪とされたとはいえ、その判決が判示しているように犯

人としての嫌疑の濃い被告人の国外退去を可能にすると、控訴審の審理に事実上制約がかかるおそれがあるだけでなく、仮に第一審判決が破棄され有罪となったとした場合に、刑の執行ができなくなるという事態を生ずる。本件事犯の罪質にもかんがみると、誠に重大な問題である。しかし、不法残留者に対する退去強制も法の執行である。この問題は、退去強制手続と刑事手続の調整に関する規定の不備によるものであり、このことだけで勾留を正当化することはできないといわざるを得ない。

　四　以上の次第で、私は、原決定には法令の違反があり、これを取り消さなければ著しく正義に反すると考えるものである。

（裁判長裁判官・藤井正雄、裁判官・遠藤光男、裁判官・井嶋一友、
裁判官・大出峻郎、裁判官・町田顯）

第2部
捜査段階・証拠づくりの弁護術
思いついたら、まずやってみる

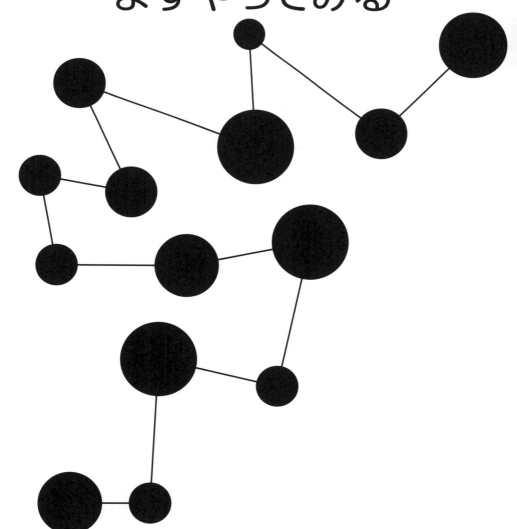

神山 理不尽な身体拘束や取調べに対し、何とかしたい。

不合理な事実認定に対し、誤りを示したい。

いろんな事件で、いろんなことをしてきましたが、結果に結びついたことはほとんどありません。

どんな証拠を作ろうか考えていた時、先輩から「証拠作りの前に、まず、現場を見る。人と会う、話を再現する、実験する、そうして自分が体験・実感するのが何より大事な事だ」と言われました。

結果に結びつくかどうか、どんな証拠にするかとか、思い煩う前に、まず行ってみる。

無駄を無駄と考えずにやってみる。

そのうち１つでも「あれが役に立った」と思える時に出会える、それがおもしろいのです。

「思いつく すぐに、自由に 大胆に」と考えました。

伝承の会 神山さんは若い人に対して数多くの研修をしています。

「あれをしろ」「これをすべきだ」と言います。

神山さんは実際そうしてきたのでしょうか？

それを知りたいと思いました。

神山さんに事件を振り返ってもらい、手元に残っている資料も公開してもらって、いくつかの活動を選びました。

捜査段階における活動のものと、証拠づくりの活動のものに分け、インタビューをしました。

第3章
神山啓史弁護士に聞く
捜査段階における活動

聞き手 **髙野 傑**

髙野 今日は、捜査段階における弁護活動についてお話を伺いたいと思います。まず、録音・録画制度がなかった時代に、証拠保全を利用して取調べを録画させようとした事件についてお聞かせください。

1. 強盗殺人事件

神山 その活動をしたのは強盗殺人事件でした。

【事件1】強盗殺人事件
○強盗目的で被害者宅に侵入し、居合わせた被害者に対し刃物で切りつけ、ストッキングで首を絞めて殺害したうえ、現金2万円と財布1個を取る。
○新聞報道から、第二東京弁護士会が委員会派遣を行い、受任。

　僕が接見をすると、「やっていない」ということでした。しかし、取調べで捜査官から「お前の指紋が出ているんだから」と聞かされると、「自分がやったのかな、とも思う」などと言うのです。いやいや、実際のところどうなんだと聞くと、「いや、やってませんよ」と言うのです。これはまずいな、と思いました。

　すぐに検察官に対して「こういう人なので、取調べを録音・録画してほしい」という申入書を提出しました。そのうえで、直接検察官と面談して、お願いもしました。けれども、何もしてくれませんでした。

髙野 申入書にはどのようなことを書いたのですか。

神山 録音・録画の必要性を重視して書きました。今回の被疑者は捜査官の言動にすぐに影響されてしまう人でした。ですので「被疑者は家に入ったとしても人を殺したことは全く記憶にはないと供述する一方で、警察官から『お前の指紋が発見されている。お前に間違いない。』と言われると、自分が犯人なのかなと思ってしまう。そういう性格の人です。」「犯行方法を聞かれてもわからないから困ってしまうと言いながら、想像で書けと言われると一生懸命考えて書いてしまう。」こういうことを書いて、録音・録画を求めました。

髙野 先生はいろいろなところで「直接検察官に会いに行って話せ」と仰っていますが、この時も書面だけでなく面談もしたのですか。

神山 もちろん直接会いました。その時のメモが残っているのですが、検察官は「仰る内容はわかりました。」と言うだけで、結局何もしてくれませんでした。そうであったとしても、やはり会ったほうがいいと思います。

　検察官が何もしてくれなかったので、次に勾留取消し請求をしました。このままだと黙秘権を侵害するような取調べが行われる、そのような違法な取調べを目的とした勾留は許されないと主張しました。しかし当然のようにこれは認められませんでした。延長決定もされ、その後も取消し請求をしたのですが、なかなか上手くいきませんでした。

　このような状況のなか、取調べが続いていました。どうにかして、取調べでの捜査官の聞き方に問題があることを形として残したかったのです。そこで思いついたのが、証拠保全請求でした。これを使って取調べを録音・録画請求できないのかと、考えたわけです。よくこんなことを思いついたなと思います。

　証拠保全請求書には、まず事件の概要を書きました。次に証明すべき事実を「被疑者の取調べにおける供述が任意にされたものではないこと」として、その保全の方法が、被疑者の全取調べ状況を録音・録画する方法による検証であるとしました。録音・録画の実施方法は、刑訴法第141条により、取調べに関与していない司法警察職員に補助させることも考えられるということも書きました(**図1**)。

図1　証拠保全請求書

　　　　　　　　　　　　　　　　　　　　　　　　　　2002年1月28日

東京地方裁判所　御中

　　　　　　　　　　　　被疑者　████████████

　　　　　　　　　　　　弁護人　神山啓史

　　　　　　　　　　〒160-0022　新宿区新宿3-1-22　NSOビル6F
　　　　　　　　　　　　　　　東京フロンティア基金法律事務所
　　　　　　　　　　　　　　　　03-5312-2820

　　　　　　　　　証　拠　保　全　請　求　書

　上記被疑者に対する強盗殺人被疑事件について、下記のとおり証拠保全を
請求します。

　　　　　　　　　　　　　　記

第1　事件の概要
　　被疑者は　███████████████████████████
　████████████████████████において、在宅していた
　████████を殺害し、現金2万円位及びキャッシュカード等の入った財布1
　個を窃取した、という被疑事実。

第2　証明すべき事実
　　被疑者の取調官に対する供述が、任意にされたものでないこと。

第3　証拠及びその保全の方法
　　被疑者の全取調べ状況を、録音・録画する方法による検証。
　　（録音・録画の実施は刑訴法161条により、取調べに関与していない
　　司法警察職員に録音等をさせることも考えられると思います）

第4　証拠保全を必要とする事由

1　被告人は、被疑事実について、「家に行ったことも、人を殺したことも、ものを盗ったことも、全く記憶にありません」と一貫して否認しています。

2　被告人には次のような特徴があります。

①　全く記憶がないと供述する一方、警察官や科学捜査を頭から信用しており、取調官から「おまえの指紋が発見されている。おまえが犯人にまちがいない」と言われると、自分が犯人なのかなあと思ってしまう人物です。

②　犯行方法などについて聞かれても「知らないので困ってしまう」と供述する一方、警察官から「おまえが犯人だったらどうするか」と聞かれると、一所懸命考えて想像で供述してしまう人物です。

③　全く記憶がないにもかかわらず、警察官から「おまえがしゃべらないと兄弟が自殺するぞ、とにかく被害者に謝罪だけでもしろ」と言われると、兄弟をたすけるために、被害者に謝罪する言葉を言ってしまう人物です。

④　被告人は、中卒で███████職人として転々と生活してきました。60才で、離婚して一人暮し、子供とのつきあいもない、金も百い、という状況で、自分なんかどうなってもいい、という投げやりな気持ちになってしまう人物です。

3　このような被告人に対し、12月12日付意見取調請求および12月23日付弁護人の意見書で指摘したように、記憶がないという被告人に対し、

①　記憶がないなら、自分が犯んだからこうすると思うかと問いかけて、供述を引き出し、それを自白したものとして録音する取調べ、

②　「兄弟が自殺しても平気なのか」と言って、兄弟に対する情を利用して、被害者に対する謝罪を言わせようとする取調べ、

を現に行っています。

4　弁護人は、12月18日付で被告人に取調べ状況の録音・録画を要求し

・・3

　　　ましたが、実現されていません。

5　このような状況においては、被疑者の供述が録取されないでも、

①　記憶に基づいて供述したものか、想像した作り話なのか、

②　罪を認めて供述したのか、兄弟のことを考えて供述でないのに口先だけで
　　供述したのか、

ということが、将来の公判で激しく争われることが必至です。

　その際、誤りのない判断をするためには、

a　どのような問いかけに対して供述したものか

b　どのようなやりとりの結果の供述なのか

c　被疑者の供述の生の言葉はどうだったのか

d　被疑者の供述の同じ時間、口調、表情はどのようなものだったのか

などが、極めて重要な資料になります。

　　しかし、取調官の作成する供述録取書では、たとえ被疑者の署名捺印
があったとしても、これらのことは全くわかりません。取調官が証人として証言し
たとしても、その真偽を検証することができません。

　　一方、このような重要な資料を保全する方法は、日々の取調べを録音・
録画しておくしか方法がありません。そして、それは弁護人の努力では不可能です。

　　適正な事実認定のために、取調べ状況を証拠として保全しておくこと
は不可欠なのです。

　　　　　　　　　　　　　　　　　　　　　　　　　　　　　　　　以上

髙野 まだ制度がなかったこの時代に録音・録画を求めたのは、この件が初めてだったのですか。

神山 捜査機関に対して録音・録画を求めたことは、それまでもあったと思います。ただ、証拠保全請求という方法を思いついたのは、この件が初めてでした。

　ミランダの会[1]を1995年2月13日に作って、取調べについては黙秘が原則だと考えていました。仮に供述するにしても、本当にその人がそのように供述したのかを確かめるために、署名をする前に供述調書を見せてくれと言うべきだという議論もありました。弁護人のほうで確認して、まさに供述したとおりになっているのであれば署名させようという活動をしていたわけです。そのなかで、そもそもどのような質問の結果、そのような供述になったのかわからないじゃないかということが気になっていました。そこに書いてある供述がどのような経過で出てきたのかを知るためには、現にどのような質問がなされ、どのようなニュアンスでどのような言葉を使って答えていたのかということを検証するしかないと考えていました。取調べに立ち会わせてくれないのであれば、録音・録画を求めていくべきだということは当時からみんな考えていました。

　ただ正直に言いますと、自分の目の黒いうちに取調べの録音・録画制度が始まるとは思っていませんでした。取調べが録音・録画されるとなったときは、びっくりしたことを覚えています。

髙野 証拠保全請求についての顛末はどうだったのでしょうか。

神山 請求書を提出したのは勾留延長が決定された1月28日だったのですが、これに対する結論が出されたのは3月29日だったのです。

　なぜかと言うと、僕から証拠保全請求をしたという連絡を受けた検察官が、責任能力の鑑定をするということで、被疑者の鑑定留置を請求したのです。裁判官が1月31日にこれを認めてしまい、鑑定留置となりました。

1　小川秀世（静岡県弁護士会）、高野隆（埼玉県弁護士会）、萩原猛（同弁護士会）らによって、被疑者の黙秘権を確立するための弁護活動をするために、結成された。詳しくは、季刊刑事弁護2号（1995年）124頁、『「ミランダの会」と弁護活動──被疑者の権利をどう守るのか？〔GENJINブックレット05〕』（現代人文社、1997年）参照。

この鑑定留置期間中に証拠保全請求は棄却されました。鑑定留置が終わった後、検察官が最終的な取調べを行い、起訴されるという流れをたどりました。

髙野　犯人性を争っている事件で鑑定留置されたのですか。

神山　そうです。ですので、鑑定留置について争いました。準抗告だけでなく、特別抗告までやりました（**図2**、**図3**）。
　被疑者に心神の鑑定をする必要は全くない、ということを主張しました。弁護人が繰り返し接見してきたなかで、彼が精神的な障害を負っていると感じることはありませんでしたし、過去にそのような病気になったことはありませんでした。このようなことを書きました。
　また、検察官が鑑定留置をした真意は、勾留期限を脱法的に延長することにあるのだということも主張しました。身体拘束期間をとことん延ばし取調べを重ねていけば、今の被疑者の状態からすれば自由自在に供述を作り上げることができると考えたのではないかと感じていたのです。すごい腹が立っていました。
　準抗告審を担当することになった裁判官に面談も行いました。裁判官は熱心に話を聞いてくれました。
　裁判官からは「弁護人が意見のもとにしている被疑者の供述は証拠になっているのですか。」と聞かれたので、毎回メモに取っていますと答えました。すると、裁判官からそのメモを見せてほしいと言われたのです。当然捜査機関に見られるわけにはいかない内容ですから、記録に編綴されるわけにはいきません、と率直に伝えました。すると裁判官は「記録に綴ることなく返還することを約束するから、見せて欲しい。」と言ってきたのです。そこでメモを全部見せることにしました。
　結論としては、準抗告の申立てはとおりませんでした。しかし裁判官も「確かに問題のある被疑者のようですね。」ということは言っていましたね。

髙野　特別抗告ではどのような点を問題にしたのでしょうか。

神山　一番の柱に据えたのは鑑定留置の手続の問題です。鑑定留置の決定をするとき、裁判官は勾留質問のような面接を改めてすることはないのです。こ

図2　準抗告申立書

　　　　　　　　　　　　　　　　　　　　　　　　　　　　　　・　・1

　　　　　　　　　　　　　　　　　　　　　　2002年2月4日

東京地方裁判所　御中

　　　　　　　　　　　　　被疑者　████████

　　　　　　　　　　　　　弁護人　神山啓史

　　　　　　　　　〒160-0022　新宿区新宿3-1-22　ⅣＯＩビル

　　　　　　　　　　　　　東京つくし野法律事務所

　　　　　　　　　　　　　03 - 5312-2820

　　　　　　　　　準　抗　告　申　立　書

　　上記被疑者に対する強盗殺人被疑事件について、平成14年1月31日東京
地方裁判所裁判官江口和伸がなした鑑定留置の裁判に対して、下記のとおり
準抗告を申立てます。

　　　　　　　　　　　　　　記

第1　申立の趣旨
　　　原裁判を取り消す。
　　　鑑定留置の請求を却下する。
　　　旨の決定を求めます。

第2　申立の理由
　　　原裁判は、精神鑑定を鑑定の目的として、留置の期間を82日間と
　　する鑑定留置を認めました。
　　　しかしながら、別紙記載のとおり、被疑者を精神鑑定する必要性は
　　全くなく、原裁判は、刑訴法167条1項に違反をしていますので、取り消し
　　を免れません。

（別紙）　　・2

1. 被疑者には、心神の鑑定をする必要がありません。

　① 弁護人はこれまで15回（いずれも接見指定30分）にわたり被疑者と接見してきましたが、接見状況からして、責任能力の有無・程度についての疑問は全くありません。

　② 弁護人が知る限り、被疑者の病歴、生活状況、血族者の病歴などにも全く異常はありません。

　③ 簡易鑑定は実施されていませんし、弁護人が知る限り、専門家が被疑者と面接したこともありません。

　以上のような状況において、裁判官が、どのような資料に基づいて、精神鑑定の必要があると判断されたのか、弁護人には全く理解ができません。

　なお、1月28日付勾留保全請求書（本誌○○頁）のとおり、被疑者には気が弱い側面はありますが、それは、取調べにおいて注意すべき事柄であって、責任能力とは全く関係がありません。

2. 本件は、被疑者の犯人性が争われている事件です。

　① 被疑者は、一貫して、「家に入ったことも、人を殺したことも、物を盗ったことも全く記憶にない」と供述しています。

　　　また、事件の日のことを聞かれても、「普段と全く変わらない生活をしているだけなので記憶もないし、思い出すこともない」と供述しています。

　　　弁護人は、これまでの接見状況から、本件は冤罪であると確信しています。

　② これに対し、取調官は、「おまえの指紋が発見されている。おまえが犯人まちがいない」と連呼し続けています。

　③ 被疑者の心神に関する鑑定は、犯人であることに争いがない場合であって、責任能力の有無に疑問がある時、責任無能力者を裁判請求することがないように実施されるものです。

　　　本件は、そもそも被疑者が真犯人でないと争っているのであり、なじみません。

　　　被疑者は、「記憶がない」と言っていることが、本当か、ウソをついて隠しているのかを調べ、もし本当に記憶がないのなら、なぜ忘れてしまったのかを探

査する」と言われました。

　てすると、捜査官が精神鑑定を必要であると考えた理由は、被疑者が犯人であることを前提にして「犯人であることはまちがいないのに、記憶がないのはおかしい、本当に記憶がないとすれば異常だ、ということしか考えられません。

　しかし、被疑者が否認しているのに、被疑者が犯人であるかどうかは、証拠を総合して裁判所が事実認定をすべきことであり、仮に、犯人であることが客観的証拠から明らかになったにもかかわらず、被告に記憶がない、ということになれば、その原因の究明は、裁判上の鑑定でやるべきことです。

④　いずれにしろ、被疑者段階において、被疑者の「記憶にない」という供述の真偽を鑑定するなどということは、裁判制度を無視することです。

3　鑑定留置を請求した意図は、勾留期間を脱法的に延引することにあります。

①　指紋が一致しており、客観的な証拠から被疑者が犯人であることが立証できるのであれば、否認のまま、捜査官は起訴すればいいだけです。

②　勾留満期まで残り4日と迫まった時点で、鑑定の必要性の根拠も薄弱なまま鑑定留置を請求したのは、これらのおも事情だと深く推測されます。

　被疑者の「記憶にない」という供述が簡単に打破し難い心証を持ったため、残り4日では供述に結びさせる判断が困難になったところ、さりとて、指紋が一致したとして逮捕した手前、処分保留で釈放するわけにもいかないとの思いから、時間をかせごうとしたとしか考えられません。

③　この点に関しては、具体的な根拠もあります。

　被疑者は1月29日、30日の両日にわたって、被疑者が自らの行動をメモしていたカレンダーの記載について、事件の年の1月はじめから12月おわりまで、一々詳細に説明させられました。

　この裏付け捜査には、相当の時間がかかると思われますが、その時間が欲しかった、との思いは、ぬぐえません。

④　また、被疑者に対し、厳しく自白を迫ばしてきた捜査官にとっては、自白追及のための更なる時間をほしがっていることは、明らかです。

　　　　鑑定留置期間中も、事実上取調官が東流する留置をちれ、鑑定を
受けていない時間に、取調べを行うことができるとすれば、勾留期間を脱法
的に延引した取調べが行われることになります。

４　原裁判には手続違背、審理不尽の違法があります。
　①　鑑定留置の裁判をした裁判官は被疑者に全く会ていません。
　　　会えば、精神鑑定の必要性に疑問を持たと確信しています。
　②　弁護人は次のように考えます。
　　　第1に、刑訴法167条5項の趣旨は、鑑定留置の場合にも、勾留質問
に相当する手続が必要であると考えます。
　　　勾留と鑑定留置とは全く異を異にする手続である（そうであるがゆえ
ともに会たさ必要としているのです）とともに、鑑定留置は、人間の尊厳に
極めて高度のプライバシーである心神の状況と強制的に開示させるのです
から、これを受ける者に対して告知聴聞の機会が保障されないのは、憲法
31条に違反すると考えます。
　　　第2に、被疑者勾留中の鑑定留置の場合には、そのような手続は
必要ではないとの考え方をとるとしても、それは、通常、勾留質問とした勾留
裁判官が鑑定留置の裁判もしているから、一度は被疑者と面接している
ということが考慮されていると考えます。
　　　ところが、本件では、勾留質問をしたのは池田修裁判官、鑑定留
置としたのは江口和伸裁判官であり、江口裁判官は一度も被疑者と
面接することなく、被疑者に精神鑑定の必要があると判断しています。

　　　ちなみに、公判において、弁護人が精神鑑定の請求をした場合には、その
判断に際して、被告人質問を実施させられるのが普通であり、被告人質
問の結果、鑑定の必要なしと判断されているのが大半です。
　③　精神鑑定は、人間の尊厳に関わる極めて高度のプライバシーを覗くもの
です。被疑人側が望んでいる場合を除いて、その実施は慎重でなけれ
ばなりません。

・5

　少なくとも、鑑定を受ける被疑者と一度も面接することなく、鑑定の必要性を判断することは許されないと考えます。

　ついては、審理不尽を理由に差し戻して、被疑者の審尋を実施させるか、別紙事実取調請求書のとおり、抗告審裁判所において被疑者の審尋を実施することを求めます。

5　弁護人は、捜査官のした鑑定留置の請求の意図が、勾留期間の脱法的な延引にあると確信にしますが、そうでないとしても、

　　① 犯人性が争われている事件について

　　② 被疑者と面接することもなく

　　③ 簡易鑑定も実施することなく

　　④ 82日間にもわたる

鑑定留置を決めた裁判官の判断は、いいかげんとの誹りを免れません。

　今一度、被疑者に責任能力の有無や程度を疑う根拠があるのかどうか、現段階において精神鑑定をもする必要性があるのかどうかを、慎重に検討していただきたいと強く望みます。

　そのためにも、

　第1に、事実取調請求書のとおり被疑者の審尋を実施すること

　第2に、鑑定留置期間をいきなり82日間にするのではなく、数日間に変更して簡易鑑定を先行させ、その結果必要があれば、留置期間を延長する（刑訴法167条3項）という取り扱いをすること

が相当です。

以上

添付資料　　証拠保全請求書の写し
添付書面　　事実取調請求書

図3 事実取調請求書

2002年2月4日

東京地方裁判所 御中

被告人

弁護人 神山 啓史

事実取調請求書

上記被告人に対する強盗殺人被疑事件について、鑑定留置の裁判に対する準抗告審において、下記のとおり事実の取調べを請求します。

記

1 被告人の審尋

（事実取調べの必要性）

原裁判は、被告人と一度も面接することなく、精神鑑定の必要性を認めています。

本件においては、被告人を審尋することは、精神鑑定の必要性の判断に不可欠です。

被告人の審尋を実施すれば、責任能力の有無・程度に問題のないことが明らかになると確信しています。

以上

れは手続違背だと思っていました。これまでとは違う身体拘束決定をするわけですから、改めて身体拘束をして良いのか、する必要があるのかについて、直接面接して確認しなければならないはずだと思っていました。

　結局この点は判断されることなく、終わってしまいました。

高野　取調べに対しては黙秘をアドバイスしていたのでしょうか。その場合、鑑定留置中の医師の面接にはどのように対応するようにアドバイスしていたのですか。

神山　取調べに対しては、録音・録画がされていないのですから、完全黙秘を指示していました。僕としては話していないと思っていたのですが、実際は機嫌よく喋ってしまっていました。被疑者はさきほどお話ししたとおりの人ですから。黙秘していると言っていたのに、実は話してしまっているというケースはよくあります。後の公判で、なんで喋ったのですかと質問されて「いやあ、弁護士から文句言われたんですけれども、私が自分の意思で喋ったんです。」と答えていた姿は忘れもしません。

　鑑定留置中の問診にも応じるなと言っていました。しかし、こちらも機嫌よく応じてしまったようでした。

　ただいずれも話してしまっていたのは事件とは直接関係のない範囲でした。

高野　その際に作成された供述調書は、証拠請求されたのでしょうか。任意性は問題にならなかったのですか。

神山　もちろん任意性も争いました。最終的には、これらの調書には争点である犯人性についての記載がなかったので、取調べの必要性がないとして採用されませんでした。

高野　事件はこの後どのように進んだのでしょうか。

神山　起訴された後は複数選任にしてもらいました。そして、石田省三郎さんにお願いして一緒に担当してもらいました。

　一生懸命頑張ったのですが、有罪になってしまい、控訴しました。控訴審

は違う人の目で事件を見直してもらったほうが良いだろうということになり、控訴審からは別の方が担当しています。最終的には、残念ながら確定してしまったと聞いています。

髙野　当時、制度としては取調べの録音・録画というものはないなかで、「こうあるべきだ」という考えはどのようにして出てきたのでしょうか。

神山　録音・録画については割と早くから議論をしていました。弁護団会議などの後には、決まって食事会がありました。その席で、集まった仲間と、こういう制度があるべきだ、とごちゃごちゃ話し合っていたわけです。その場では、やっぱり無理かなあ、と終わってしまいます。しかしそのようなことが積もり積もって、今回の証拠保全請求のような方法論を思いつくに至ったのだと思います。

髙野　その食事会で出た話題で、まだ実現してないものとしては、どのようなものがありますか。

神山　まず、取調べへの弁護士の立ち会いです。あとは取調べ拒否も話題に出ていました。
　　僕は取調べは受ける権利、弁解・供述をする権利はあるとしても、取調べを受ける義務や、弁解等を録取される義務はないと思っています。留置されている房から出るか出ないかを決める自由が被疑者にはあり、取調べを拒否すると看守に伝えれば出なくて良いという制度になればいいと思っています。取調室に連れて行かれてからの黙秘は、やはり辛いと思います[2]。

髙野　制度にないことをなんとかして実現しようとしている先生が、制度にあるにも関わらずそれが活用されない場面、例えば類型証拠開示請求がきちんとなされていないような場面を見ると、どのような気持ちになりますか。

神山　責めるよりも、不思議でなりません。刑事弁護をやっていて、証拠開示

2　「取調べ拒否権を実現する会（RAIS）」が2024年6月11日に設立された。詳しくは、季刊刑事弁護119号（2024年）9頁参照。

第3章　神山啓史弁護士に聞く　捜査段階における活動　85

をやりたくならない気持ちがわからない。捜査機関が持っていて、こちらに見せてこない証拠を、見てみたくならないのでしょうか。僕はもともと推理小説が好きで、刑事事件の謎を解いてみたいという気持ちで弁護士になりましたので、証拠も見たいし、現場にも行きたい。

　現場が、路上や公の施設であれば、捜査が終わっていれば自由に立ち入れますから必ず見に行きます。個人所有の屋内の事件の場合にも、大家さんに頼んで入らせてもらうこともあります。現場に佇んで、亡くなった方の声が聞こえてこないかな、真犯人の声が聞こえてこないかな、などと考えるわけです。

　やりたいことができない、見たいものが見られないことにイライラするので、なぜできるのにやらない、やりたくならないのかが、僕にはわかりません。

髙野　捜査弁護の大きな柱として、身体拘束からの解放のための活動がありますが、この点で苦労した事件がありましたらお聞かせ下さい。

2. 傷害致死事件

神山　このような傷害致死事件がありました。

【事件2】傷害致死
○交通トラブルがきっかけで、5対2で喧嘩をした。車に乗って逃げようとしたところ、被害者がしがみついてきたので蹴ったところ転倒し死亡してしまった。
○4名が共謀で傷害致死で起訴された。
○友人の弁護人から頼まれて受任。

　共犯者間では、大きな部分では利害対立はなく、言い分は基本的には一致していました。

　起訴された後、亡くなられた被害者のご遺族の代理人弁護士さんと交渉して、幾ばくかのお金を用意してお支払するという段取りになりました。この段階で、一度保釈請求をしました。しかしこれは認められませんでした。準抗告もしましたが、変わりませんでした。

こうなると、弁護人としては早期に第一回期日を開いてもらい、認否や証拠意見を述べることで保釈の可能性を高めることがセオリーとしてあるわけです。そこで裁判所と日程調整し、早めに入れて貰い、第一回公判が９月13日となりました。僕らはこの期日後に再度保釈を請求しようと、準備をしていたわけです。

　すると突然、裁判所から連絡があり、９月27日に第一回公判期日を変更すると言われたのです。やっぱり腹が立ちましたね。保釈が認められているならうるさく言わなかったかもしれませんが、準抗告も認められなかった以上、僕らとしては早期に第１回を開いてもらいたかった。それなのに、なんの理由の説明もなく、一方的にこの内容が書かれた紙一枚が送られてきたのです。

髙野　裁判所から変更せざるを得ない事情の説明はまったくなかったのですか。

神山　まったくありませんでした。腹が立って、なんとかならないかと色々調べました。刑事訴訟法をペラペラとめくっていると、第277条（裁判所がその権限を濫用して公判期日を変更したときは、訴訟関係人は、最高裁判所の規則又は訓令の定めるところにより、司法行政監督上の措置を求めることができる。）　を見つけたのです。僕はこの期日変更はまさに職権濫用だと感じていましたから、公判期日変更に対する不服申立てをすることにしたのです（**図４**）。

髙野　『条解』にも事例が少ないと書いてあります。

神山　僕も今偉そうに話していますが、この時に初めて知りました。正直良くわかっていなかったのですが、今回の期日変更についてはまさに職権濫用だという気持ちでいたものですから、この手続で不服を申し立てようと決めました。

　申し立てた後しばらくすると、突然裁判所から連絡があり、総務課というところに呼び出されました。そこで事情聴取のようなものを受けました。そこまでされてどうなったかというと、またペラペラの紙が１枚だけ届きました。通知書(90頁)という題の紙です。

第３章　神山啓史弁護士に聞く　捜査段階における活動　**87**

図4　公判期日変更に対する不服申立

公判期日変更に対する不服申立

傷害・傷害致死
同
同
傷害

右被告らに対する傷害被告事件につき、東京地方裁判所、
刑事第一五部裁判長裁判官　　　　　、裁判官
　　　　　、裁判官　　　　　が、平成元年八月二三日午前一〇時と定めら
れた第一回公判期日を、平成元年八月二四日午前一〇時と変
更したのは、左記のとおり権限を濫用した不当なものであるから
刑事訴訟法二七二条、刑事訴訟規則一八二条二項に基づき
不服を申し立てる。

一九八九年　八月　　日

千代田区六番町七ー一八　山路法律事務所
　　　三六五ー二七七一
弁護人　　　　　　　　　　　　　印
新宿区四谷一ー一八　高出法律事務所
　　同　　　　　　　　　　　　　印
　　　三五六七ー〇二七七

東京地方裁判所　御中

記

一　刑事第一五部とのやりとりの経緯

1　被告人らは傷害被告事件の共犯者として、一九八九年　八月三日
　公訴を提起され、警視庁刑事第一五部に係属した。

2　被告人らはいま、東京拘置所に勾留されている。
　弁護人らはなお、八月七日に　　　（にてのみ　八月七日分）（保釈
　請求は八月四日に却下され、右却下決定に対する準抗告
　の申立も八月一〇日に棄却された。

3　被告人らの第一回公判期日は八月一五日に
　午前一〇時と指定された。

4　八月二三日になり突然、裁判所は弁護人に対し、第一回公判
　期日を変更するので都合のいい日時をうかがいたいと要請し
　てきた。

5　弁護人は、本件は被告人らの身柄が勾留中の事件である
　に、第一回公判期日前の保釈が認められる見通しのないこ
　と等を理由に、変更には異議があること、どうしても変
　更すべきだというならば八月二三日午前一〇時に近接した
　日時にしてほしいことを述べた。

6　しかるに裁判所は一方的に二週間も先である九月二日
　以降しかだめであると言ってきた。
　弁護人は、なんとなく早く裁判所に対し、九月二日午前一〇時しか
　だめだと言われるなら、九月二日午前一〇時が都合がいい、
　同日だが、これは裁判所から「弁護人が困ると言われても
　裁判所が決定しますので」と言われたためであり、決して
　変更に同意したものではない。

二　権限濫用の内容

1.

本件被告人らは前述のとおり、保釈を許可されず身柄を
拘束されている。

ところで、本件逮捕勾留決定の理由を検討すれば
（この決定は、被告人らが事実を認めているにもかかわらず、間
接証拠が多数存在することをもって罪証隠滅のおそれありと
認定したというされるもので不当なものであるが）被告人らの保
釈を裁判所に再検討してもらう為、第一回公判期日における事
情として仮に認否、被告官証に対する攻防等を新たな事
情として仮に認否、被告官証に対する攻防等を新たな事
情として仮に…　いずれも自分たち行為については認めている以上、改めて困難である
であり、その意味において第一回公判が開かれるのを一日千秋
の思いで待っているのである。

2.

これが二週間も接近するということは、あまりに残酷であ
ろう。

裁判所にもこのことについて配慮は必要であり、被告人らの
弁解についてつとめて十分に、
しかしながら一回、二週間というのは、あまりにひど
いと言わざるを得ない。一回という日数は一週間の句留状
とそもそして真柄の拘束を続けることができない、日数である。
二週間も先にならなければ、第一回公判を開く余裕が全く
ないなどということは信じ難い。

被告人らの日名もあり、被告人らの認否を聞き、被告官証
に対する意識を聞くだけなら、さほど時間を要するとも思
えない。弁護人は三名もついており、三名のうち一名でも都合がつ
けば対応する態勢である。

3.

以上のとおり、まずもって九月三日午前10時という第一回
公判期日は変更されるべきではない。百歩譲って変更がや
むを得ないものであるとしても、右日時に近接した日時に
変更されるべきである。くり返すが二週間もの延近は全
くひどい。

仮に、どうしても九月三日以降にしか開延できないという
のであれば①九月三日を変更しなければならない理由及び
②なぜ三日以降でなければ期日を開くことができない理由
を被告人らに具体的に、文書で開示すべきである。

言うまでもなく刑事訴訟規則一八二条一項は、公判期日
の変更の原則を規定している。一方、同規則一七六条の四は
「裁判所は公判期日の変更をする場合には、「変更を
必要とする理由を具体的に明らかにする」としており、こ
の事由を具体的に明らかにすることとしをなど「資料により」
それを疎明することを明示している。

不変更の原則を規定している。一方、同規則一七六条の四は
右規定からすれば裁判所が職権で変更する場合にも「変
更を必要とする理由を具体的に疎明する」ことが裁判所に課
せられ、「変更を必要とする理由を具体的に」この
足する。これは最低限の義務である。

裁判所がこのことをしないと言うのであれば、一人裁
判所のみ特別であり、たとえ裁判所の言うことには従え
というに等しく、たとえ裁判所と言えどもそのような強権
発動は絶対に許されてはならない。刑事訴訟規則一条二
項は「訴訟上の権利は誠実にこれを行使し、濫用しては
ならない」と規定しており、明らかに本規定に違反する。

重ねて訴える。どうしても九月二〇日以降にしか開廷できないと言うのであれば　①九月一三日を変更しなければならない理由及び②九月二七日以降でなければ期日を開くことのできない理由を　被告人らに具体的に明らかにし、文書で通知すべきである。

「そんなことすら裁判所はしなくてもいい」と言うのであれば、司法に対する国民の信頼は絶対に得られないと考える。

記

一　公判期日変更　決定（写）
一　準抗告棄却決定（写）（疎明14になることのであるか?
三　いずれにても　裁判官印及び　決定文とも　全く同一）

〔以上〕

通　知　書

　　　貴殿らの８月２８日付け書面による公判期日変更に対する不服申
　　立てについて，東京地方裁判所は，司法行政監督上の措置をとらな
　　いことになりましたので，お知らせします。

　結局、期日変更を撤回させることは出来ませんでした。
　この件には裏話があります。通知書が届いた後しばらくして、裁判所で知り合いの裁判官が声をかけてきたのです。「神山さんが自分で考えたの。」というので、はい、と答えました。すると「あれが出るとどういうことが起こるのか知ってるの。あれが出されると裁判官会議っていうのが開かれるんだよ。司法行政の判断をするために。」と言われました。その会議の中で、神山啓史とは誰だ、どういう弁護士なんだと話題になったそうなのです。声をかけてきた裁判官は「刑事弁護が好きな弁護士で、変なやつではないと言っておいたよ」などと言っていました。裏でそのようなことが行われていることが

とはこの時初めて知りました。

髙野 その後はどうなったのでしょうか。

神山 期日は変わりませんでしたので、変更された日程で第1回公判期日が開かれました。大筋では争いありませんでしたが、細かな部分ではそれぞれの被告人で主張がありました。争点はすべて明らかにして、証拠についても一部は同意の意見を述べました。

その後に準備していた保釈請求をしたのですが、驚いたことにこれも認められませんでした。すでに争点が明らかとなり、一部の証拠は採用されているのです。それでもだめでした。

結局、第3回公判期日後になり、ようやく保釈が認められました。この期日で一番大事な証人の尋問が終わったことが影響したのだと思っています。

起訴された直後はなかなか保釈が認められないのが現状です。公判前整理手続が始まり、争点が整理されれば保釈を認めても良いのではないかという論文も出ました。これで少し良くなるかなと思っていたのですが、決してそうではないという意見も耳にします。むしろ以前より保釈の判断は厳しくなっているのではないかという意見もあります。季刊刑事弁護の特集にもありましたが、何度請求しても保釈が認められないという運用が続いているのは、本当にけしからんと思います。

髙野 この事件の先生の準抗告にもありますが、弁護人は「裁判所が罪証隠滅のおそれを理由に保釈を認めないのであれば、どの証拠に対してどのような方法での隠滅のおそれがあるのかをきちんと示して欲しい。」と書くことが多いと思います。しかし裁判所は絶対にこれを示さない。

神山 立証責任の転換のような話だと思っています。本来、人権を制限する裁判所側が、どうして人権を制限するのか、どうして身体拘束を継続する判断をしたのかの具体的な事情を説明しなければならないはずです。今はそれが逆になってしまっている。

裁判所が問題視していることを明確にしてもらえれば、僕らとしても「そこについてはこう考えています。」と具体的な反論ができるし、追加の資料を集めることを検討できる。ですから何度も何度も具体的に示してほしいと

書いているわけですが、絶対に示してくれませんね。

髙野　先生はいろいろな研修で、検察官に会いに行けということを仰っています。捜査段階で検察官と交渉して、上手くいった例はありますでしょうか。

3. 殺人未遂事件

神山　このような殺人未遂事件がありました。

> **【事件3】殺人未遂**
> ○夫から別れると言われて、文化包丁で胸部を複数回刺して全治2ヶ月の傷害を負わせた。
> ○当番弁護で接見し、受任。
> ○傷は4か所あり、骨にあたって刃が止まっているような状態だった。

　接見に行くと、被疑者は、殺すつもりはなかったと言っていました。当然、殺意を争う事件になるのだなと思いました。

　ところがよくよく話を聞いてみると、刺してしまった後、被疑者が自ら救急車を呼んでいることがわかりました。ひょっとしたらこれは中止犯が成立するのではないか、と思いました。

　そこで、検察官に対して、これは中止犯なのではないか、ということを何度も面会をして話をしました。この事件の検察官は、こちらの話をきちんと聞いてくれる、割と良い検察官だったと思います。

　段取りとしては、まず意見書を出し、次に検察官と面会をしました。そして面会で聞いた話を踏まえて、さらに意見書(二)を出しました。　意見書には、被疑者は被害者を愛していたのだから殺す動機などないという殺意に関することと、途中で実行行為をやめて救急車を呼んだからこそ、被害者は一命を取り留めたのだという中止犯の成立に関することを書きました(**図5**)。

　この2回目の意見書を出してからは、検察官からなんの連絡もありませんでした。罪名は殺人未遂という重いものですし、文化包丁で何度も胸部を刺している事案でしたから、なかなか難しいのかなと思っていました。

　起訴されたということで、起訴状を受け取りに行くと驚きました。中止犯

図5　意見書

意見書(2)

右の者に対する殺人未遂被疑事件につき左記のとおり意見を述べる。

被疑者　　■■■■■■■

一九九二年　六月三〇日

東京地方検察庁　検事官　殿

弁護人

記

一　意見の趣旨

被疑者の処分については、事案の真相に即し傷害事件として罰金に
これが殺人未遂事件であるとしても中止犯が成立するとして不起
訴処分にされるかが相当である　と思料する

二　意見の理由

殺意がなかったと考える点については　六月一二日付意見書で述べたとお
りであるが、本件には　公判請求しないで処理するのを相当とする事情
が多くある。

1　被疑者は本件犯行をひどく深く反省している。
女にも　あらゆるまで被疑者を傷つけたことを心から後悔し　懺悔だ
った言葉を聞き　はじめに涙ぐった。

2　被疑者の行為が殺人であったとすれば　中止犯が成立する。
被疑者は申し立てたところ被疑者が「コノヤロー、愛してやるのに、どうしているんだ」と言
た言葉を聞き、二人で電話した。それから　まずタオルを取りに行って止血し
縛ったテープを聞くはずし、大家を呼びに行って　救急と連絡が来るのを　今か今かし
しますか、と言われ、「救急にはこちらから連絡
を待っていた。

被疑者の行為は　さらに被疑者を救うようにすることはいくらでもできたのに
は　持ってお　救済されて　できなかったという事情は存在しない。宣見

※ 3段目以降（下段）

呼びさまして　これを中止したものである。そして　止血、二次通報等である
周りの　がネ発生に向けての真摯な努力をした。もし被疑者の行為が
女だけが止血による死の危険があったはずだが、もし被疑者の必情
にあればこれは二次通報等

3　被疑者の事後の右思いで情すぎるものがある
被疑者をうらつもりで結婚したにもかかわらず、夫が亡くなったら
だが「愛していない」女の身がないと　今は夫もいなくなら　男が
結果　未産した事もある　被疑者に対し　夫でなくなったとしても　無理からぬ
は心であり　被疑者の「子供もいなくなった上で夫もいなくなったら」という必情
は察せられる。

4　被疑者の行為は　両手をピストルもギラギラ等を持ちつけたのは　むしろ看
ことである。被疑者が　一時理性を失ったとしても　無理からぬ
答えたのである。被疑者の右思いに対し　被疑者が　一時理性を
には何もしてくれてしまう、という　被害感情に追いやすする
被疑者は暴力をふるい、殺にならなかった、そんなり、殺しのGで
被疑者は　何度も　被害者の真の気持ちを問おうとしたが、いつも
ように　しょとして受けたのである。受けつけた上に　何の色着もない
なお、被疑者が、日頃から　被害者に暴力をふるうことがあったとの系列の
両親及び本人の上申書が提出されているが　家については　何の色着もない。

5　被疑者自身が、被害者をはっきりしないにつき　強く希望した。
被疑者は　六月一四日付の上申書のとおり、被疑者の身柄を早く釈放にしてほしい
と、捜査になっても困らないで、被疑者のいきさつにつむ伝ぜてほしい、にして
ばっきりして欲しい。

本件の真相は　夫婦間、愛情のいきちがいによる刃傷沙汰である。本件
が被害者がないことは明らかであるが、夫病のひいひいにももめごとが法律に

ひき起こしたことは、被害者のみならず　多くの親族にとっても　耐え難い苦

痛であって、被害者の希望は最大限　尊重されるべきである。

なお　現在は　被害者・被害者とも、夫婦との思いなりより戻し

冷静になって　今後のことを　話し合う□の各務を持つに至っている。　今我

年になる二人は、せっかくの夫婦の　立直りに　水をさすことにもなりか

ねない。　彼は同情をもって　静かに　夫婦の自主的な解決を見守る

べきである。

6　被害者の親族は　六月一五日　上申書のとおり、力を合わせて二度とこのよう

なことのないよう被害者に指導監督をすることを約束している。

被害者自身を含め　被害者をとりまく　多くの人が、被害者　のことを

じっと見守し、主意と希望を多弁にして。　一方　被害者も　これを真に

じっう反省し、二度とこのようなことをしないことを堅く誓っている。

被害者に再犯のおそれは　全くない　と確信する。

での起訴になっていたからです。

　僕は普段偉そうに、検察官ときちんと交渉するようによく言っています。それは、自分自身がこのような体験をしてきたからです。検察官との交渉は大事だという思いが、僕自身のなかに根付いているんだと思います。先輩から言われたことをそのまま後輩に言っているのではなく、自分自身確かに価値があると考えているからこそ、腹の底から言っているんですね。

髙野　黙秘をしている場合、検察官と連絡を取ることがないのですが、この点、先生はいかがですか。

神山　犯人性を争っているという場合、なかなか連絡は取りづらいですね。僕が弁護人につく前に、本人が「自分は犯人ではありません。」と話していれば、その言い分は検察官も把握しているわけですので、黙秘が上手く継続できている限りは、積極的に検察官に連絡を取ることはしないですね。

　ただ否認事件でもいろいろな言い分があるという事件はありますよね。そ

のような事件の場合には、割と連絡はとるほうだと思います。殺意を争っている事件で、それを検察官に伝えたところ、検察官室に来るように言われたことがありました。部屋に入ると検察官から「どのような凶器を使ったのか知っていますか。」と言われたので、ナイフだと聞いていますけど、と言いました。すると、「凶器を見せてあげます。」と言われ眼の前に置かれたのです。それはいわゆる青竜刀と呼ばれているものでした。持っていいと言われたので持ちましたが、とても重い。検察官からは改めて「殺意、本当に争うのですか。」と、被疑者を説得するよう、暗に言ってくるわけです。僕は、わかりました、とだけ言って帰ってきました。結局争いましたけどね。

　このように、検察官と交渉を重ねた結果、起訴前に証拠を見せてもらえたという経験を何回かしています。他には言うなよなどと言いながら、見せてくれました。若い弁護士が、そのようなことはあるはずがない、検察官に会うとやっつけられてしまうと考えているなら、それはもったいないことだと思います。

高野　検察官と交渉する際、絶対に直接行くのですか。電話で終わりということもあるのですか。

公訴事実

被告人は、[　　　　　]

被告人方において、[　　　　]に対し、殺意をもって、所携の文化包丁〔刃体の長さ約一八センチメートル〕でその胸部及び背中を突き刺したが、後悔の念にかられて中止し、同人に全治約二か月間を要する前胸部及び背部刺創等の傷害を負わせたに止まり、殺害の目的を遂げなかったものである。

罪名及び罰条

〈殺人未遂　刑法第二〇三条、第一九九条

神山　検察官がどうしても直接会ってくれない場合は別ですが、僕からは100％面会を申し込みます。今でこそ事前に電話してから行きますが、最初はいきなり部屋に行ってました。すいません、検事いま空いてますか、と。

　もちろん取調べ中のことも少なくなくて、待たされることも多かったです。今は弁護士会から電話をかけて、空いているなら今すぐ行けます、と言っていることが多いです。

4.　まとめ

神山　僕が捜査弁護の研修で言っていることは、被疑者からの事情聴取の大切さ、取調べに対するアドバイスの重要性、身体拘束からの解放、検察官との交渉の４つだと思います。今回過去の記録の一部を見直してみて、自分の話していることの基礎にはこういう経験があるんだなということを改めて思い出すことが出来ました。

第4章
神山啓史弁護士に聞く
証拠づくりにおける活動

聞き手 **高津尚美**

高津 神山さんといえば、「調査！実験！」というイメージがあります。神山さんがさまざまな実験や調査をするようになったのは、どうしてですか。

神山 若い頃に高山俊吉(『五・七・五で伝える刑事弁護──その原点と伝承』〔現代人文社、2019年〕88頁参照)先生と交通事故の事件を一緒にやる機会がありました。高山先生の教えの中に、ともかくどういう事件であるかを実感する必要がある、というものがありました。証拠に出すかどうかを考える前に、現場に行くとか、証拠を見るとか、交通事故であれば車に乗って体験してみるとか、そういうことがすごく大事だと言われて、ああなるほどな、と思ったのが一番大きいと思います。実際に自分が動いてみて、その人だったらどう思うか、この現場だったらどう考えるか、そういうことを実感することが弁護活動の一番の基本だと思います。

高津 調査や実験というのはその目的がだいたい、つぎの3類型あるのかなと思っています。

①　自白などの供述の不合理さを示すもの
②　認定の不合理さを示すもの
③　裏付け証拠探し

の3つです。

神山さんは1つめの類型で、実験をやった事件というのはありますか。

1. 強盗事件

神山 こんな強盗事件がありました。

> **【事件1】強盗事件（控訴審）**
> ○午前3時50分ころ、パン店の2階に侵入、女性（79歳）に包丁
> を突きつけて脅迫し、手提げ金庫1個を強取し逃走したという事
> 件。
> ○人違いによる無罪を主張した。
> ○一審判決の決め手は、犯行現場付近の路上に遺留されていた手提
> げ金庫の指紋と自白。
> ○友人の弁護人に誘われ、控訴審より受任。

　自白の信用性については6項目、120頁にわたって控訴趣意補充書を書き
ました。

　　① 客観証拠との矛盾
　　② 被害者供述との不一致
　　③ 重要部分についての説明の欠落
　　④ 自白内容の不自然さ
　　⑤ 自白内容の変遷
　　⑥ 秘密の暴露の不存在

　このうち、「③ 重要部分についての説明の欠落」の中で、実験した内容
を使いました。

　被告人の自白によると、金庫のある部屋への侵入経路は、廊下→回転窓→
ベランダ→高窓→室内、というものでした。しかし、現場の実際の構造から
すると、このとおりに通過することは物理的にはできても、相当な試行錯誤
をして、無理な態勢で通過することになるのに、自白では侵入方法に関する
具体的な説明やその過程における心理状態が一切語られていないので、重要
な説明の欠落があるといわなければならない、という主張で、侵入経路を図
で示すとこんな感じです（図4）。

　控訴趣意補充書を検討するにあたって、まずは現場に行って、侵入してみ
ようということになりました。そこで建物の持ち主に連絡したら、なんと！
はいどうぞ、と応じてもらえました。それで実際に窓を見て、どうやって室

図4　強盗事件の侵入経路

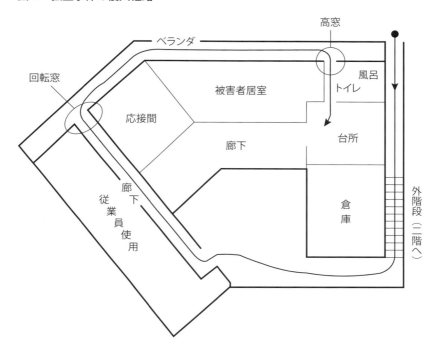

内に入るのかと検討し、廊下→回転窓→ベランダ→高窓→室内（トイレ）、という順で、どうやって入るのかをやってみました。そうすると、なかなか入れないのですよ。それで、それが伝わるリアルな控訴趣意補充書にしようということになりました。

　僕が体操着に着替えて、被告人役として回転窓のところを入ろうとしました。回転窓は縦横幅が60センチずつしかありません。片足を出して、それから上半身をベランダに出そうとしても通過できませんでした。
そのときの写真が次頁からのものです（訴訟記録から複写したため、写真が不鮮明な部分があります）。

　片足ずつ、両足を入れてから上半身を反らせて出たり、逆立ちの姿勢になって出たり、いろいろ試してようやくベランダに出られました。ただそのときにはかなり無理な姿勢を取ったり、窓枠にお腹が乗っている状態で、お腹に全体重がかかるのでお腹が痛かったり、相当に大変なのです。

A　片足ずつ出してみると上半身が出なかった

A-1-1
神山さんが左足を回転窓からベランダに出しているところを廊下側より撮影したもの。

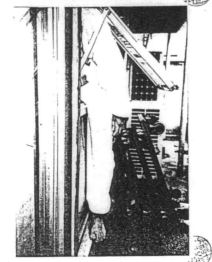

A-1-2
A-1-1の状態をベランダ側より撮影したもの。

B 両足をいれてから上半身を反らせて出た

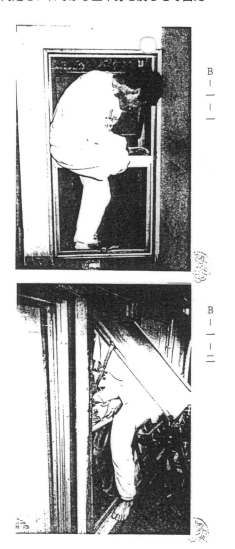

B-1-1
神山さんが左足を回転窓からベランダに出した状態で、さらに右足をベランダに出そうとしているところを廊下側より撮影したもの。

B-1-2
B-1-1の状態をベランダ側より撮影したもの。

B-2-1-1

B-2-1
神山さんが左足を回転窓からベランダに出した状態で、さらに右足をベランダに出そうとしているところを廊下側より撮影したもの。

B-2-1-2

B-2-2
B-2-1の状態をベランダ側より撮影したもの。

B-3-1
神山さんが左足を回転窓からベランダに出した状態で、さらに右足を徐々にベランダに出しているところを廊下側より撮影したもの。

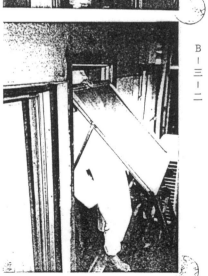

B-3-2
B-3-1の状態をベランダ側より撮影したもの。

第4章　神山啓史弁護士に聞く　証拠づくりにおける活動　103

B-4-1
神山さんが両足を回転窓からベランダに出した状態を廊下側より撮影したもの。

B-4-2
B-4-1の状態をベランダ側より撮影したもの。

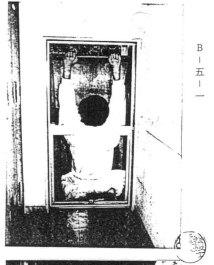

B-5-1
神山さんが両足を回転窓からベランダに出し、さらに膝を曲げて上半身もベランダに出している状態を廊下側より撮影したもの。

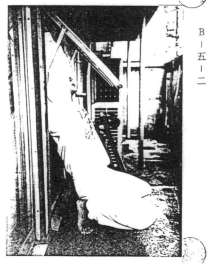

B-5-2
B-5-1の状態をベランダ側より撮影したもの。

C 逆立ちの態勢で出た

C-1-1
神山さんが逆立ちの状態で上半身を回転窓からベランダに出している状態を廊下側より撮影したもの。

C-1-2
C-1-1の状態をベランダ側より撮影したもの。

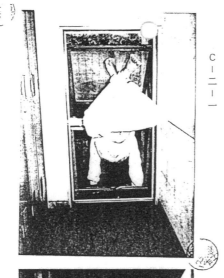

C-2-1
神山さんが逆立ちの状態で上半身を回転窓からベランダに出し、徐々に下半身をベランダに出している状態を廊下側より撮影したもの。

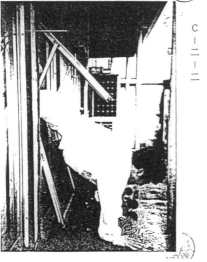

C-2-2
C-2-1の状態をベランダ側より撮影したもの。

C-3-1
神山さんが逆立ちの状態で上半身を回転窓からベランダに出し、徐々に下半身をベランダに出している状態を廊下側より撮影したもの。

C-3-2
C-3-1の状態をベランダ側より撮影したもの。

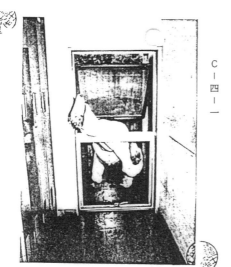

C-4-1
神山さんが逆立ちの状態で上半身を回転窓からベランダに出し、徐々に下半身をベランダに出している状態を廊下側より撮影したもの。

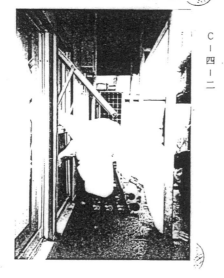

C-4-2
C-4-1の状態をベランダ側より撮影したもの。

第4章　神山啓史弁護士に聞く　証拠づくりにおける活動　109

C-5-1
神山さんが逆立ちの状態で上半身を回転窓からベランダに出し、足までベランダに出した状態を廊下側より撮影したもの。

C-5-2
C-5-1の状態をベランダ側より撮影したもの。

　その後高窓に取りすがって入ろうとしても、転んでしまうなど、なかなか入れません。上半身を入れてから足を折り曲げて侵入するような形であれば一応は入れましたが、つま先を入れるのに相当苦労しました。

D 頭から入ると転んでしまう

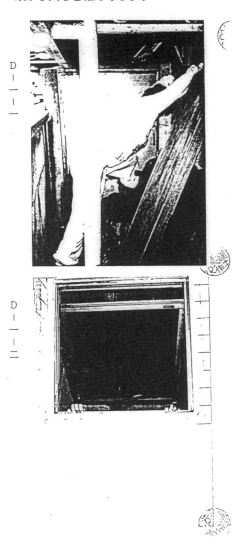

D-1-1
神山さんが高窓に取りすがった状態をベランダ側より撮影したもの。

D-1-2
D-1-1の状態をトイレ側より撮影したもの。

第4章 神山啓史弁護士に聞く 証拠づくりにおける活動

D-2-1
神山さんが顔を高窓の枠内に出した状態をベランダ側より撮影したもの。

D-2-2
D-2-1の状態をトイレ側より撮影したもの。

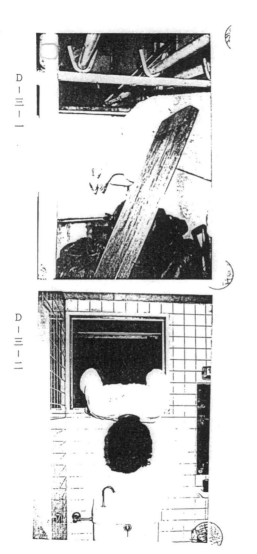

D-3-1
神山さんが頭を高窓からトイレに入れた状態をベランダ側より撮影したもの。

D-3-2
D-3-1の状態をトイレ側より撮影したもの。

D-4-1
神山さんが上半身を高窓からトイレに入れた状態をベランダ側より撮影したもの。

D-4-2
D-4-1の状態をトイレ側より撮影したもの。

E　上半身を入れてから足を折り曲げて侵入

E-1-1
神山さんが上半身を高窓からトイレに入れ、高窓の枠に右足をかけた状態をベランダ側より撮影したもの。

E-1-2
E-1-1の状態をトイレ側より撮影したもの。

E-2-1
神山さんが上半身を高窓からトイレに入れ、高窓の枠にかけた右足を折り曲げて徐々にトイレに入れようとしている状態をベランダ側より撮影したもの。

E-2-2
E-2-1の状態をトイレ側より撮影したもの。

E-3-1
神山さんが上半身を高窓からトイレに入れ、高窓の枠にかけた右足を折り曲げて徐々にトイレに入れようとしている状態をベランダ側より撮影したもの。

E-3-2
E-3-1の状態をトイレ側より撮影したもの。

第4章　神山啓史弁護士に聞く　証拠づくりにおける活動 | 117

E-4-1
神山さんが上半身を高窓からトイレに入れ、高窓の枠にかけた右足を折り曲げて徐々にトイレに入れようとしているがつま先がなかなか入らない状態をベランダ側より撮影したもの。

E-4-2
E-4-1の状態をトイレ側より撮影したもの。

　結局、自白調書に書いてあるように侵入してみると、なかなかそう簡単に通れないわけです。被告人が通ったのが真実なら、なかなか大変だったがいろいろ試してみたのです、こうやって乗り越えました、ということが調書に

も出てきて然るべきです。しかし、調書上はそのようなものはなく、いかにもすんなりと通ったような記載になっていました。実際にやってみて、さすがに信用性は薄いだろうと強く実感できたのが、控訴趣意補充書を書く大きな力になりました。

高津 よく建物を使わせてもらえたなぁと思うのですが、どうして協力してもらえたのでしょうか。

神山 僕も難しいだろうな、と思いました。弁護団会議でもそういう話が出ました。ただ、高山先生のことを思い出して、まずは連絡をとってみるべきだと思いました。やってみなければわからない。実際に建物の所有者に会って、事情を説明したら、そういうことならどうぞ、と言っていただきました。やっぱり直接言ってみればとおることもあるのだなあと思いました。

高津 実際に実験をやって、公判ではどうなったのですか。

神山 控訴趣意補充書に実験の写真をいっぱい貼ったので、裁判所には事前に証拠を見せるような形になりました。そして検証を請求しました。そうしたら検証を実施するという決定が出たのです。東京高裁で犯行現場に侵入できるかどうかの検証が通ったことは実に画期的だと思います。
　ところが、結局控訴審でも負けました。
　検証の結果を言っておくと、警察官2人が、まるきり同じ動きをして、簡単そうに侵入したのです。弁論で使った表現を使うと、「高窓から侵入を試みた警察官は、2人とも、障害物の内容を知り尽くしている障害物競走の選手のように、試行錯誤も躊躇もなしに一気に飛び上がり体をねじって窓枠に腰掛け、うしろむきに肩から室内に侵入した」のです。当日、まさかそんなに簡単に侵入できるとは思っていなかったので、眼の前でこのように侵入されて唖然としました。
　検証後、別の日に警察官の証人尋問をやりました。検証で侵入する動作をした警察官ではなく、捜査に関わった別の警察官の証人尋問です。この尋問で、検証で侵入した警察官2名は、証人となった警察官とともに検証のために下見に行った警察官から下見の結果を教示されて、類似の高窓への侵入の練習を積んで検証に臨んだことがわかりました。実際、警察官2人の侵入方

法が酷似していることから、準備したという事実は明白でした。公判期日外の尋問を、検証の場でやるべきでした。検証で実際に侵入した警察官2名に対して、現場に来たのは始めてなのか、どのような指示を受けてきたのか、などを聞くべきでした。

判決でその部分は、「回転窓及び高窓の大きさ、構造、位置等からすると、回転窓をくぐってベランダに出ることや高窓から室内に侵入することが、所論が強調するほど困難だったとは認められない（高窓からの侵入が著しく困難ではないことは、当審における検証の結果によっても、確かめられた）」、また自白の信用性の部分については、「相応の緊張はしていたであろうが、所論が強調するような多大の逡巡や心理的葛藤を経験することはなかったと推測される。右の状況のほか、歳月の経過により、被告人の記憶が相当薄れていたこと等をも考慮すると、被告人の自白中に侵入過程の困難や逡巡、心理的葛藤に関する供述がないからといって、自白の信用性が低下するものではない」と言われてしまいました。悔しかったですね。

高津　だれが検証をやるかというのも重要ですね。

話は変わりますが、私は、実験をするときに段取りを十分確認していなくてその場で悩んだり慌てたりしたことがあるのですが、先生はどうやって準備をしているのですか。

神山　準備そのものは2度やります。いきなり現場に行ってやってもうまくいきません。1つ目は現場に行く前に紙ベースで考えて、どういうことをやったら意味があるかを考えます。2度目は現場に行って、実際に準備したとおりにやってみて、なかなかうまくいかないと現場でどうしようこうしようと考えて改善します。ここで実際の実験の詳細な準備をします。そしていったん持ち帰り、本番に臨みます。

高津　実験の報告書はどのようにして作るのですか。

神山　一度目の紙ベースの準備のときにまず考え、現場に行って修正します。完成体の報告書が頭に描けるまでは準備を重ねることになります。ただ、これは、高山さんが言ったように、証拠に出す出さない以前にまずは行ってみるので、まず行ってみて、実際に実験をやるとなってからの話です。

高津 ところで先生、実験をしているときの写真、とっても良い笑顔ですね！本当に楽しそうです。

神山 実験などをやるときは、弁護人が楽しまないとただ辛いだけになってしまいます。弁護団の良さはそこですよね。何人かで行って、やってみて、僕が苦労して登っているところを下から「右足上げろ」とかぐちゃぐちゃ言われます。そういうところが弁護のおもしろさでもある。みなさんも、いろいろなことを自分で経験してみて、そこが証拠として結実すれば刑事弁護にやりがいを感じられるのではないかと思います。

高津 ほかに、供述の不合理性を示す実験で記憶に残っているものにどんなものがありますか。

2. 草加事件

神山 草加事件があります。

【事件2】草加事件（民事訴訟）
〇少年6名が中学校3年生の少女を強姦の上首を絞めて殺害したとして逮捕あるいは補導され、うち14歳から15歳の少年3名につき強姦、殺人、強制わいせつの非行事実より少年院送致、13歳の少年1名につき救護院（児童自立支援施設）送致となった少年事件について、少女の親権者が少年らの親権者に対し損害賠償請求訴訟を提起した事件。
〇犯人ではないとして不法行為の成立を争った。

自白調書では、少年3人が首を絞めて殺した少女のご遺体を3人で抱えて200メートルくらい移動して残土置き場に捨てた、となっています。弁護団で議論しているときに、200メートルも運べるのか、という意見がありました。そうだよな、少年だしと。やってみるかとなりました。ただ、少年役は若い弁護士がやればなんとかなるとして、問題は少女役です。弁護団の中の1人の弁護士の娘に協力してもらいました。死んだふりをして我慢してくだ

さいとお願いして、やってもらいました。そうして、自白のように 3 人で抱えて運んでみました。しかし 3 人だとうまく運べないのです。数十メートルいくと下ろして、また数十メートル行くとまた下ろして、となってしまいました。ともかく簡単に運べるものではありませんでした。重いのもあるし、3 人で抱えると足並みを揃えないといけないためです。むしろ、屈強な一人が完全に背負って行ったほうがよっぽど楽だということがわかりました。でも自白はそうなっていません。それで、こんなふうにやりましたという写真を撮影して証拠を作りました。

　この事件は、一審判決では自白の信用性が否定されて請求は棄却されたものの、控訴審では自白の信用性が肯定され、さらに最高裁で自白の信用性が否定されました。実際は、この 3 人で遺体を運んだという供述部分は自白の信用性を弾劾する大きな柱にはなりませんでした。しかし、弁護団自身が、自白は誤っていると確信を持つ上では大きな力がありました。

高津　自白以外の供述の不合理性を示すためにどんな事件での実験がありますか。

3. 名張事件

神山　自白ではなくて、関係者の供述の信用性の問題があったものとして、名張事件があります。

【事件 3】名張事件（殺人、殺人未遂被告事件の再審請求審）

○公民会で行われた任意団体の懇親会で、女性会員用に準備されたぶどう酒に農薬を混入させ、5 人を殺害し、12 人に傷害を負わせた事件。

○一審判決は無罪であったが、控訴審で逆転有罪死刑判決が出され、上告ののち最高裁で確定した。この確定判決について再審請求をした。

○人違いによる無罪を主張。

　ぶどう酒がこの任意団体の会長宅に届いた時間によっては、会長宅における請求人の奥西勝さん以外の人物の犯行機会が存在することになるのです

が、このぶどう酒の到着時間に関する関係者の供述が、ある日を境に、一斉に変わったのです。捜査の当初では、午後2時とか3時とか早い時間に会長宅に届いたということで関係者の供述は一致していました。そうすると、請求人以外の者が、会長宅で毒を入れる機会が十分にあったということになります。しかし、これが当日5時過ぎに届いたのだと、関係者の供述が変遷したのです。

　弁護団で、供述の変遷について、関係者ごとに個別におかしいといろいろ議論したのですが、あるとき弁護団会議をやっていて、いろんな人を一度に全員動かしてみて、矛盾がはっきりわかったりしないのかな、という話になりました。関係者が10人くらいだったので、弁護団全員と、その奥さんにも頼んでやることにしました。それぞれの供述内容に従って、総勢10人くらいの関係者が一定の場所を何時出発として、現場を動きました。それでわかったことは、AとBは相互に互いを見たという供述をしていないが、どうやってもある地点で出会わないとおかしい、というのが何箇所か出てきました。これは問題だろうと思いました。ビデオを取って、編集をして、出くわしている写真を貼って、実況見分調書を作りました。名張弁護団は日弁連の支援事件なので弁護人の数も多くて、弁護人も若くて、こんな実験もやったのです。

　現在、多くの弁護団で、痴漢冤罪事件なんかで触られたという人の供述を吟味するうえで、たとえば混んでいる様子を再現させたブースを作って、言っていることを実際にやることが可能かを実験したりしていますよね。

　僕は、名張事件のこの実験で、実際供述どおりやってみて可能なことなのか、そういうことをやってみることに大きな意味があるという確信を持てたと思っています。

高津　認定の不合理さを示すためにやった実験というのは何かありますか。

4. 草加事件——血液型

神山　草加事件で、少女のご遺体に唾液斑がありました。その唾液の血液型がAB型でした。少女はA型、少年たちはBかOなのです。AB型の唾液というのは当然第三者のものではないかと考えられるわけです。しかし、少年審判のときの証拠として、検察官の作った報告書がありました。人には血液型

物質が、汗やだ液、精液などに分泌している「分泌型」と分泌していない「非分泌型」があるのですが、少女は非分泌型のA型で、体表には垢が付いているので、それをB型の少年が舐めれば混合してAB型の鑑定結果が出る、というものでした。この報告書に基づいて、裁判所は唾液の血液型は少年が少女の乳房を舐めてAB型が出たのだと認定しました。鑑識の人を尋問して、「それはおかしい」と言ってもらっていたのに、そういう認定になってしまったのです。

　それで、法医学の先生にも相談してみましたが、冷たい反応でした。「当たり前だろう。AB型がでるわけないだろう。」という感じで、そんな当たり前のことを何言っているのだという意見でした。

　でも裁判所にその当たり前のことを理解してもらえていないわけです。幸い草加事件には支援者の方がたくさんいましたので、実験してみようということになりました。まず公民館を借りて、支援の人に集まってもらって、血液型検査をしました。非分泌のA型の人と、B型の人を探して、協力をお願いしました。非分泌のA型の人の腕をB型の人に舐めてもらって、舐めたところを綿棒でとって、検体を法医学者に送って血液型を検査してもらいました。60件くらいやって、見事にAB型は出ませんでした。当たり前ですけどね。多くの支援者のご協力をいただけたことで実現できました。法医学者は当初、結果のわかっている実験になど付き合いたくないと言っていましたが、最後には協力してくれた人がいました。

　この点がポイントとなってひっくり返った訳では無いですが、最高裁では自白の信用性が否定されて差し戻され、最後には少年たちの無罪が明らかになりました。

高津　法医学者の先生で、弁護人に協力してくれる方は限られていると思います。どうやって協力してくださる方を探したらよいのでしょうか。

神山　今は刑事弁護フォーラムなどでほかの弁護士の経験が蓄積されているので、それを頼ることがありうると思います。その先生がだめでも、その先生に紹介してもらうということもできると思います。

高津　地道に探すしかないですね。
　ほかに、認定の不合理さを示すためのものとして、どのような実験をしま

名張事件で、歯痕の実験のために弁護団が作った王冠

したか。

5. 名張事件——歯痕

神山 名張事件で、歯痕の実験というのをやりました。この事件では、現場から発見されたぶどう酒の王冠に傷がついていて、これが請求人の奥西さんの歯痕と一致する、ということが有罪判決の大きな理由の一つでした。

　なんでも、歯の尖ったところの距離と傷の距離が一致しているという鑑定があったのです。それで、歯学部の学者に聞いてみると、人は口の大きさにたいした差はないから、歯のとがっているところの距離は同じくらいだし、同じ人が噛んでも、噛み方によってとがったところの歯痕の距離がずれることもあるので、歯のとがっているところの距離と傷の距離の一致というのは何の意味もない、と言ってもらいました。

　しかし、裁判所にはそれもわかってもらえませんでした。

　そこで、弁護団の若い先生で、歯で噛んで王冠を開けても良いと言ってくれる人と、それだけでは足りなかったので、日弁連の職員の方にもお願いして、歯で噛んで王冠を開けることをやってもらいました。まず王冠を作って（上掲）、10人に1人10個噛んでもらいました。そうすると噛んで開けた王

冠が100個できます。その傷の距離を全部図りました。別々の人が開けたものでも傷は同じような距離になるし、同じ人が噛んでも違う距離のも出てくるし、ということが明らかになりました。当時心配だったのは、古い時代の人たちではないですから、王冠を歯で開ける経験なんてしていないですし、怪我をさせるわけにはいきません。協力をしてくれた日弁連のみなさん、ありがとうございました。

　今もこの王冠100個は日弁連で保管されています。表面を撮影した写真も残っています。今、名張事件の弁護団は、王冠の傷について、そもそも歯の痕ではないのだということを検討しており、その比較材料にならないかと考えています。

　神山さんは大げさなことばかりやっていると思われるかもしれませんが、何をここで言いたいかというと、冤罪を晴らすために、人の協力を得ることができれば、こういう実験も可能となってくるわけです。若い人たちが冤罪事件をやるときに、裁判員事件でも国選弁護人は２人体制なので、どうしてもその２人で、少人数でものを考えてしまいます。それを打破するために、いろんな人と相談して、頭を柔らかく、視野を広げて証拠作りを練れるようになるといいかなと思ってこういう話をしました。

高津　裏付け証拠探しとしては、どのようなことをやりましたか。

6. 足利事件

神山　足利事件でやったレシート探しがあります。

> **【事件４】足利事件（わいせつ誘拐、殺人、死体遺棄の再審請求審）**
> ○午後７時頃、パチンコ店の駐車場で遊んでいた女児（４歳）をわいせつ目的で誘拐し、首を絞めて殺害して遺体を河川敷に遺棄したという事件。
> ○有罪判決が確定したが、再審請求した。
> ○人違いによる無罪を主張。

　佐藤博史弁護士たちとやった日弁連支援の弁護団事件です。再審請求の段階で、請求人の菅家利和さんが、女の子に声をかけているという時間帯にそ

こにはおらず、自宅に戻る途中のコンビニにいた、そこで物を一つだけ買ったという話がありました。かなり日は経っていましたが、当時のレシートが残っていないかを、菅家さんが行ったというコンビニに行って、聞いてみようということになりました。とても良い店主の人で、とってあったレシートを全部持ってきてくれて、これだけ残っていますが見てもらって結構です、と言って見せてもらえました。手分けして見ていって、これじゃないかというレシートが見つかりました。その日の同じ時間帯のレシートはたくさんあるのですが、主婦が買いに来ることが多い時間帯なのか、たくさん買っているレシートばかりなのです。でも菅家さんは、自分は物を一つしか買っていない、と言っていました。単品ではないけれど、2つだけ買ったレシートがぽつんとあったのです。これだ、と思いました。

　それで、これが本人の行動の裏付けとなるという証拠として提出しました。検察官は、本人のものだという証拠はないじゃないか、と反論してきました。しかし、腹立たしかったのは、逆の立場で、ここに被告人がいたという検察官立証をする場合には、検察官は、他の者と明らかに違うとはいえない、被告人であると十分推認できると主張するわけです。検察官の反論はおかしいだろう、と弁護団で話し合いました。

　こういう証拠探しも、いまとなってはもうないかなとつい思ってしまいがちです。でもこういう経験をしたおかげで、行ってみれば、ひょっとするとあるかもしれない、と考えるようになりました。

　またこの事件に関して言いたいことは、現場に足を踏み入れて現場でいろいろ再現するということはとにかく早くやった方が良い、ということです。足利事件は、僕が弁護人になった時点では、まだ現場が残っていました。いまはもう改修されてしまっていて影も形もありません。現場が残されているうちに、現場に足を踏み入れて、現場をまずは体験する。現場で人が行動したとする行動をまずは体験する。それが大切だと思います。僕は佐藤博史弁護士と夜現場とされる河川敷に行きました。夜の犯行だとされていたからです。現場は真っ暗で、怖くて、本当に行くのですか、と佐藤先生に言ったのを今でも憶えています。こんな真っ暗なところでは自白調書に書いてあるような犯行をすることなんてできません。この自白をなんでみんな信用するのだと衝撃的でした。

第4章　神山啓史弁護士に聞く　証拠づくりにおける活動　127

7. まとめ

高津 これまで、形になって裁判所に出せるような実験や調査のご紹介をしていただきましたが、ものにならなかったようなものというのもあるのでしょうか。

神山 それは、やたらあります。

修習生への講義でも良く言いますが、証拠に出す出さないという以前に、覚醒剤の自己使用事件でもなんでも現場を見に行きます。公園の便所で覚醒剤を打ったというならそこに行って、どういう場所かわかったうえで改めて接見すると話が盛り上がります。あんなところで打ったのか、汚いと思わないのか。それでも打ちたいのなんでなのと聞きます。そうすると、相手も先生あそこ見てるんだ、となるわけです。体感してみることは、否認に限らず自白でもやるべきだし、意味があります。身体拘束からの解放を考えるときに、親が監督すると書いてもらうとは思いますが、その場合、できれば親が監督するという自宅に行ってみたほうが良いです。こういう家なのか、こういう間取りでこういうところに住まわせるということなのか、監督できるなというのがよくわかります。行って、逆に、監督できないじゃないか、ということもわかります。証拠に出すから頑張るのではなくて、ともかく体感してみる。実感してみるということが最終的には良い弁護活動につながっていくと思います。

128　第2部　思いついたら、まずやってみる——捜査段階・証拠づくりの弁護術

Column
［刑事弁護日誌］3月31日　一勝一敗（名張事件と草加事件）

1　1993年3月31日午前8時、弁護団はホテルのロビーに集合した。どの顔もこころもち緊張しているが明るい。タクシーに乗り込み名古屋弁護士会へ、裁判所の前にはすでに支援者や報道陣がつめかけている。中京テレビのテントがひときわ目を引く。中には三つの席がつくられ、九州大学の大出良知教授のプレートもあった。顔なじみの記者に「恥をかかせないで下さいよ」と言われる。緊張が高まってきた。

2　午前8時30分会議室で最終の打ち合わせ。誰も負けることを考えていない。いや考えないようにしている。9時5分いよいよ裁判所へ。裁判所へ入るところを画にするというので、弁護士会を出て少し歩いて正面から入る。沿道、知った顔が多い。どの顔も思いつめている。9時10分すぎ刑事2部横の会議室へ入る。書記官が書記官室へ入る人数の確認にくる。書記官の顔が「柔かい」だの「硬い」だので話が咲く。

3　待つこと10分弱。試験の合格発表を待つ心境。9時19分主任弁護人以下代表団が書記官室へ行く。会議室へ残る者も全員立ち上がる。約1分、待ち切れず廊下へ出る者。同時に決定の写しがダンボール箱に入れられて来る。すぐに手にとるのがこわい。と、誰かが「棄却だって」と言った。「そんなバカな」決定書を見る。「本件異議の申立を棄却する」。奥歯をかみしめた。

4　門前に「不当決定」の垂れ幕を持っていく係、拘置所へ面会に行く係を残して、10時からの記者会見にそなえて直ちに弁護士会にもどる。「意気消沈」とはこのことだろう。担当部分の責任を果たすために、必死に決定書を読む。読んで生気をとりもどす。腹が立ってである。負けても裁判所の判断に「う〜ん」とうならされるのであれば、あるいはしょうがない。しかし、この決定はなんだ。一橋大学の村井敏邦教授が「山本決定よりも悪い」と切り捨てた。「そのとおり！」。記者会見では、かん高い声がいっそう高くなり怒りをぶちまける。事務局長の「私にはこの決定は理解できない」と言ったのが耳に残る。

第4章　証拠づくりにおける活動　**129**

5　怒りに一段落ついたのは昼近く。「草加事件」を思い出した。ルポライターの江川紹子さんに電話してもらう。「勝ったって」。手塚治虫のマンガのようにパッと顔が明るくなった。大出さんから「草加が勝って名張が負けるなんて」と言われる。それでも草加は勝った。ともかくうれしかった。

6　「浦和にいれば勝利の記者会見か」と思いながら、夜12時まで特別抗告作成の弁護団会議が続く。弁護団全員くたくたのはずなのにやけに元気がいい。これも怒りのなせる業か。この怒りは大きかった。5日間で99丁の特別抗告が書けたのだから。午前1時、連泊のホテルのベッドに入る。「一勝一敗でいいわけがあるか！」天井をにらんだ後は覚えていない。

7　1983年4月に弁護士になったのだからこの日は満10年の節目。その日に2つの大事件の判断を同時に受けた。「名張事件」は日弁連が取り組む死刑再審、「草加事件」は強姦殺人の汚名を晴らす少年再審。身は一つ、一方にしか出席できない不運をうらみつつ、望んでも得られない「大舞台」に「俺らしい」と悦に入っていた。「二連勝」をして鼻高々の姿を何度も思い描いた。その記念すべき日は嵐に吹き飛ばされるように過ぎた。

8　「一勝一敗だな」と友人から言われる。日頃の連敗記録からいえば「二連敗」も決しておかしくない。それを思えば「一勝一敗はすごい」と思ってしまう。しかしそれではおかしい。「名張」と「草加」は明白な冤罪事件である。弁護士の使命が「人権の擁護と社会正義の実現」なら「二連勝」が当り前なのだ。僕の人生に「二連勝」は過分かもしれない。しかし「名張」と「草加」をやる限り「一勝一敗」は許されない。「また負けた」。その思いが「こんどこそ」につながる。

（神山啓史）

第3部
死刑求刑事件の弁護術
あるべきことは、遠慮も妥協もしない

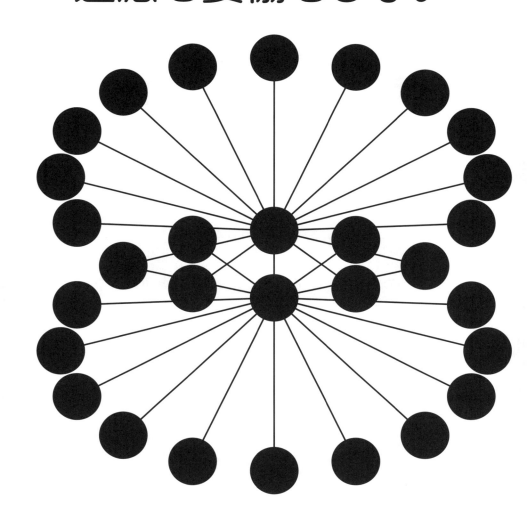

神山 この青年を死刑にしたくない。

当番弁護士として、接見して以来5年余り、笑い合ったりケンカしたり、自分を語ったりしてきました。

どうするのかと考えた時、思い浮かんだのは「自分がこうあるべきだと思ったことは遠慮しない、妥協しないでやってみよう」ということでした。

その弁護活動について、当時の司法修習生に頼まれて語ったものが「オウム事件10講」です。

手続を守る、争うべき事実は争う、そこに遠慮も妥協もしない、そのことを肝に命じさせた事件です。

疑問を持った時、その疑問を安易に捨てない、納得しない、そして遠慮しないでやりたいことをやる。

「疑問持ち　捨てず、のまれず　遠慮せず」を学びました。

伝承の会 1995年3月20日地下鉄サリン事件が発生しました。5月にオウム真理教教祖が逮捕され、相前後して多くのオウム真理教信者が逮捕されました。そして、坂本弁護士事件をはじめとするオウム真理教信者による多くの事件が暴かれました。

神山さんの事件は、諜報省長官であった25歳の教団幹部の事件です。被告人は、①地下鉄サリン事件、②元信者殺害事件、③宗教学者宅爆発物自作自演事件、④教団総本部火炎びん自作自演事件、⑤公証人役場事務長拉致事件、⑥都庁爆弾事件、⑦新宿青酸ガス事件、⑧大阪VX事件、⑨中野VX事件、⑩青山VX事件で再逮捕を繰り返されて起訴されました。1996年3月21日に第1回公判が開かれ、2000年6月6日検察官の死刑求刑を排して無期懲役とする1審判決が下されました。検察官が控訴をし、2004年5月28日に第一審判決を破棄して死刑とする判決が下されました。2009年12月10日、上告棄却により確定しました。

以下は、この事件について、2001年第一審判決後控訴審の審理が始まる前に、当時の司法修習生の有志に講演した内容を、司法修習生が記録してくれていたものです。原文のまま掲載します。

第5章
オウム事件10講

神山啓史

1. はじめに

　本日の究極のテーマはこういうことです。

　M被告人は一切争わず、全てを認め、全部を同意して、無期懲役だった。被告人は、全ての事件について争い、ほとんどの書証を不同意にし、そして無期になった。このことの意味を考えていただければと思っています。

　1995年5月18日、はじめてぼくが接見に行った日ですけど、オウム真理教から「以下の20数名に対して当番弁護士を派遣していただきたい」というファックスが、東京のセンターの方に流れてきました。すわっということで、東京三会が必死になって、当番弁護士を出します。

　最後まで出せなかったのが、G被告人と被告人でした。ともかく担当者を決めなければならないということで、Gさんは東京弁護士会で、被告人は第二東京弁護士会として、ギリギリ夕方まで頑張ったのですが、行けるような人は出払った。これは神山行くしかない、ということで、大崎警察署に赴きました。大崎署に赴く地下鉄の中で、死刑を求刑されるだろうな、そして最高裁までつきあうんだろうな、と覚悟をしたことを今でも覚えています。

　オウム事件は、ぼくの弁護人生活においてもたくさんの教訓を与えてくれました。今日は、その中で10講、こんなことを悩みながら、苦しみながらやってきたということを選んで、皆さんが情状弁護を考える際の参考になればと思います。

2. 第1講——黙秘：供述させて後悔しないか

　黙秘の問題です。当初被告人自身が黙秘をするといっていたので、これはガ

ンバレとやったところ、あろうことか、東京地検の次席から「捜査妨害である」と名指しされ、産経新聞、読売新聞に載りました。問題は、彼がしゃべりたいと言ってからどうしたかということです。10日ほど、完全な黙秘をしましたが、その後彼は、徐々にしゃべりたいとぼくに言ってきました。その気持ちは良くわかります。Gさんの呪縛が解けてくるというのが一つ。もう一つ、これは大きな共犯事件ですから、他の共犯がいろいろと話をする。とりわけ、地下鉄サリン事件については、Mさんがしゃべっています。その中で、被告人の役割がMさんの供述から作られていく。警察官は、当然、それを取調べの際に言うわけです。彼は、そうではないんだ、事実はこうなんだ、私はそんな大きい役割を担っていないんだと言いたくてしようがなくなる。当然だろうと思います。一部には、ぼくが本人をよく説得し、改心させて、しゃべらせたかのごときウソの伝説が流れていますが、全くの間違いです。ぼくは、彼が起訴された以降も、今はしゃべるなと言い続けてきました。しゃべりたいことがあるかもしれないけど、自らの法廷で、その時期が来たら口を開けばいいと言い続けてきました。

　なぜそのように言い続けたか。理由は2つあります。1つは、これは明らかに死刑が求刑される事件であることです。彼自身が逮捕直後からしゃべり、もしそれが供述調書という形で残され署名押印してしまったことが、将来、公判になって冷静に物事を考え、さらには、Gさんの呪縛から解けて反省を深めたときになって、足かせになるということになれば、これは弁護人として耐えられない。ましてや、足かせになった供述ゆえに無期が死刑になったりしたら、これは弁護人としては首をくくりたくなるような心境になると思います。したがって、ギリギリのところとして、しゃべるにしても立会いをさせてくれと言いましたし、テープ録音をしてくれと言いましたけれども、検察官は拒否をする。そうであれば、逮捕直後の今はしゃべらせたくなかったというのが正直な心境の一つです。

　もう1つは、彼自身が正常な状態に決して戻っていないということです。ぼくだって彼を正常な状態に戻したいと思っている。しかし、いつ戻るかは全く予想できない。下手をすれば、第一回公判ではまだ無理で、一審判決を受けるまでも無理で、最高裁で確定する前も無理かもしれないけど、彼も人間である限り、Gさんの呪縛から徐々に解けていくだろう。もとに戻ったところで、振り返って供述をさせてやりたい。それまでは、中途半端な精神状態での供述は避けさせてやりたい。というのがぼくの思いでした。

しかし、彼は、弁護人のアドバイスを振り切り、供述をはじめます。それが、将来、幸いにしていい評価をされていますからいいようなものの、ぼくとしては、とことんそれに抵抗したことを覚えています。ぼくは「しゃべるならしょうがない。ぼくは物理的には止められない。ただし、客観的に、間違いのない事実だけにとどめてくれ。中途半端に自分の心境だとか、主観的意図については、ともかく今はしゃべるな。やがて、その時期が来るからそれまで待て」ということを言い続けた記憶があります。

3.　第2講──勾留理由開示公判：供述させなくて後悔しないか

　ところで、勾留理由開示公判を彼が要求しました。彼は、「このまま放っておくとオウム真理教の自分が勧誘をした若い人たちが暴走するかもしれない、ぜひ若い人たちには、自分と同じ過ちを踏んで欲しくないので訴えたい」と言ってきました。自分の言葉をマスコミに載せたいと言ってきました。確かに、検察官にとってはいい話です。しかし、弁護人が考えたのは、いいか悪いかは別にして、何でいまそんな危ないことをしなければいけないのか、ということでした。まだオウム真理教が頑張っていた時代ですし、そんなことをすれば彼は裏切り者として指弾をされるだろう。また、弁護している我々の身の上にも危害が及ぶかもしれない。ともかく彼には、そういったことを発表してしまえば、その発表した言葉というのは、後でいくら「あれは、ちょっと気持ちが高揚していて大きく言ってしまいました」と言っても、信用されるものではない。これも何とかやめさせようとしましたが、がんとして受け入れてくれない。こういうときに悩んだのは、先程とまったく逆のことです。将来死刑が求刑されて、万が一死刑となったとき、被告人が「どうしてあの時ああいう訴えをさせてくれなかったのか」と後悔はさせたくない。しかし、しゃべらせても、後悔するかもしれない。

　最終的には、我々は死刑になるかもしれない可能性を高く考えていましたので、本人が将来後悔しないために、ゴーサインを出しました。したがって、きわめて異例の勾留理由開示公判でした。勾留理由開示公判という手続を取っていますが、弁護人は一言もしゃべりません。被告人の陳述があるだけです。文章を読ませて、それがマスコミに載るという形になりました。これについては、被告人個人について言えば、ここも高く評価されていますので、それは良かったということになりますけれども。刑事弁護をやる人からは多くの批判を受け

ています。「お前がこれをやったおかげで、勾留理由開示公判の性格が変わってしまった」と。要するに、勾留由開示公判が、被告人がいち早く反省をして、その謝罪をする場所のように受け止められてしまう。本来、勾留理由開示公判がそういう場所でないことはその通りで、ぼくらは苦汁の選択をしたことになります。悩みに悩んで結論を出したことを今でも覚えています。

4. 第3講——起訴状の朗読：刑事訴訟法を守らなければ

　そうして起訴をされます。起訴状の朗読についても、検察官と大きくケンカをします。起訴状には別表として、被害者の方3,800人の名前が載っています。検察官は、別表は朗読を省略したいと言ってきました。それを聞いたときに、「おかしいな」とまず思いました。普通は、被害者の名前は、数が少なければ起訴状の本文中に書かれています。単に人数が多いからといって、起訴状の記載の仕方として別表にするのはいいとしても、朗読をすることまで省略するのはどこかおかしい。弁護団は、悩みに悩みました。刑事訴訟法上では絶対にこちらが正しいということはわかっていました。では何に悩んだのか。そういうことをしたことによって、傍聴に来られた市民から文句が出ないか。文句が出るということは被告人に対する悪感情を煽るのではないか。それは被告人のためにならない刑事弁護ではないか。という悩みでした。これは最後までつきまといます。それでも結局は本人を説得して、やることになりました。

　私個人としては、地下鉄にサリンをまいたことによって大変な被害が起こったということを被告人本人が本当にわかっているんだろうか、という気がしていました。これは、刑事弁護をすればわかりますが、被害者の首に手をかけてしめる、そのやわらかさがまだ手に残っている、あるいは、被害者をナイフで突き刺す、それで飛び散った血が自分の手に付いたことが記憶にあるという事件であれば、被害の重大さについてもわかると思うんですけど、被告人の場合は実行犯でもないのですから、現実に被害が起こったということと自らの関与との間には実体験がありません。自分がやったことは悪いことなんだろう、けれども、どこかでそれを感じていない部分があるように思いました。したがって、それを本人にわかってもらいたいという思いもあって、3,800人の被害者の名前を読むことにぼくは固執したのではないかと、今振り返ってみれば思います。

　法廷で、検察官が起訴状の被害者氏名の朗読を省路したいと言ったとき、ぼ

くは３つの理由をあげて反対しました。１つ目は、刑事訴訟法の規定。２つ目は、被害者の名前は、本来公訴事実として重要な要素であり、それを読まないというのは被害者に対しても冒涜ではないかということ。３つ目は、今言ったことです。被告人に、事の大きさをわからせるという意味もある。それによって、昼のニュース、夕刊の記事は、基本的に好意的に書かれていて、地下鉄サリン事件の悲惨さがよくわかったと言っていました。ホッとした記憶があります。

しかし、これもまた刑事弁護をしている尊敬する先輩からは批判されました。「神山君、君が反対をして、刑事訴訟法の規定を言ったのは正解だ。しかし、なぜ、余計なことを２つ言ったのか」と。確かに、被害者に対する冒涜や被告人に事の重大さを知らしめるというのは、手続的正義を守るということとは別のことです。では、あの法廷で、あの雰囲気の中で、刑事訴訟法の規定だけを言って全部読んでくれと言って座ることが出来たかと言われると、これもしんどかっただろうなと思っています。

何でそこまでして、こだわるのかということですが、自分でもわかりません。ただ、これだけ大きな事件で、刑事訴訟法の適正な手続を見過ごしてやってしまうと、後世の刑事裁判を曲げてしまうのではないかという恐怖心が自分の心の中にあったと今は思います。

5. 第4講——公訴事実の認否：これで認められるか

次に公訴事実の認否ですが、被告人の公訴事実は10個あります。殺人、VX事件が３つ（殺人未遂、殺人、殺人）、逮捕監禁致死、地下鉄サリン事件（殺人、殺人未遂）、自作自演事件（暴取）、新宿駅の青酸ガス、都庁の爆弾事件。彼が全ての事件に関与したことは間違いありません。したがって、全部認めるという認否をしてもまったく問題がないようなケースです。しかし、公訴事実そのものを認めたのは、火炎瓶を投げたということだけです。それ以外については、例えば地下鉄サリン事件においては、殺意は認めましたが、幇助犯を主張しました。また、逮捕監禁までは認めるが、致死までの因果関係はないと主張しました。VX事件では、その効果について疑問を持っていましたので殺意を否認し、なおかつ共犯性を否認し、傷害致死ないしは傷害の幇助犯に過ぎないと主張しています。青酸ガスについては、傷害未遂という犯罪がありませんので無罪、爆弾については傷害の共犯という形の否認になりました。10個の公訴事実の

うち、9個までは何らかの否認をしているわけです。この否認は、わざわざや
ったわけではありません。私は、ある意味では自信を持っていました。本人か
ら聞いた話、開示された証拠を読んで、地下鉄サリン事件については、今でも
彼は幇助犯に過ぎないと思っていますし、VX事件についても、当時彼に死の
結果が発生しても構わないという殺意はなかったと今でも思っています。それ
は、きちんと記録を読み、本人の話を聞き、言うべきことは言うべきだと思っ
たからです。もちろん、この時に「何だ、あいつは何も反省していないではな
いか」というように言われることも思いました。しかし、世間に迎合し、裁判
に迎合することと、本当に罪を認めることとは全く違うと思いました。

　個々の公訴事実の認否に加えて、最終的には、公訴事実の全てについて期待
可能性がなかったとして無罪を主張しました。さすがに、これについては、無
罪という言葉がなかなか口にでなくて、「なお、以上の公訴事実全てに通じて、
被告人には、期待可能性がなかったという主張をします。」として記録されて
いるはずです。裁判長に「それは無罪を主張される趣旨ということですか」と
言われて、「そうです」と答えたということを覚えています。一瞬にして、傍
聴席の雰囲気が変わりました。裁判長は「被告人も無罪を主張されるのですか」
と質問し、被告人は「私は無罪とは思っていません」と答えました。関与した
ことについては彼は認めているわけですが、それを法的に評価したときに、弁
護人が期待可能性がないと言ってもおかしくはないと思います。

　この公訴事実の認否が決して間違っていなかったということは、あらためて
弁護人には大きな自信になりました。なぜか。M被告人は、何も争いません
でしたから、逮捕監禁致死が認定されました。しかし、被告人の第一審では、
致死の因果関係が認められず、逮捕監禁しか認められていません。こちらの主
張にも根拠があったということだと思います。地下鉄サリン事件については、
共謀共同正犯と落ちていませんが、しかしよく見ると、被告人の役割を情報伝
達・後方支援と認定しているのですから、私たちの主張を認めてくれていると
もいえます。最終的に無期になったのは、こうしたところにもあったと思いま
す。

6. 第5講——書証に対する認否：原則は不同意である

　世間では、G弁護団の不同意が多いということで社説にまで書かれています
が、実は、同じ事件で見ると、我々の弁護団の方が不同意は多いといえます。

しかしあまり騒がれなかったのは、不同意にして証人尋問しても、それなりに
ポイントを絞って尋問をして、トントンと進行した結果だろうと思います。原
則は不同意であるとレジュメに書きました。鑑定書類は全部不同意にしまし
た。それから、実況見分関係について言えば、見せてくれれば同意を検討する
と言って、当時のサティアンに検察官に連れていってもらって、中を見せても
らって、図面や写真とあっていれば同意しました。つまり、第一回公判期日前
に見せてもらっていない部分については、全部不同意にしました。もちろん、
供述調書類は全部不同意です。

　なぜそこまで徹底して不同意にしたのかというと、２つ理由があります。１
つは、自分の目で確認していないことには同意はできない。したがって、確認
したものについては同意をしました。また、共犯者の供述調書については、も
ともと証人尋問するしかないと思っていました。

　もう１つは、死刑が求刑されることが予想される事件ですから、簡単に同意
はできないということです。「事実に争いがないのであれば、何で不同意にす
るのか。引き延ばしをするのはおかしいではないか。早く結果を出して覚悟を
決めさせるのも、一つの刑事弁護ではないか」という方がいます。しかし、実
際に、ぼくは被告人と200回以上接見をしましたが、その間の彼との関係のな
かで、「さっさと終わらせる」という感覚には到底なれません。弁護団５人で、
とことんやろうとしました。しかしそれでも、案外早かったですね。第一回公
判が1996年３月21日、証拠調べが終了したのは1999年の12月で、判決が
2000年の６月。考えてみれば、かなりのスピードでした。月２回、全１日の
ペースです。これだけ不同意にしても、実質的に証拠調べをすれば、そんなに
長くかかるものでもありません。決して、そのことによって、事件を風化させ
る、被害者の気持ちに変化を求めるという気持ちがあってやったわけではあり
ません。

　書証については、検察官・裁判官との間でかなりのやりとりをしました。最
終的な認定について争いがなくても、不同意にして、現に解剖したお医者さん、
現に鑑定をした科学警察研究所の技官を調べることは、決して意味のないこと
ではないことがよくわかりました。現実には致死には至らないサリンの吸入で
あったにもかかわらず、被害者の身体的既往症との関係で結果が発生したので
はないかという確認はやはりするべきです。ご遺族の方には気の毒であったと
思いますが、それぞれ確認をしました。

　鑑定について言えば、どういう機械を使って、どういう評価で鑑定している

のか、よく勉強できました。科学の鑑定は簡単なものではありません。なぜかと言うと、リトマス試験紙のように、青から赤，赤から青と単純に出るものではなくて、一つのスペクトルが出てくる。そのスペクトルと、サンプルのスペクトルとの同一性を確認するわけですが、ぴたっと同一性が確認できるとすれば、それは偽物です。物体には、それぞれ不純物があるからです。その中で、どこをポイントにして同一性を判断するか。そこが鑑定の鑑定たるゆえんですから、そのあたりを詳細に聞く必要があります。「そんなこと聞いて何になるんだ。それによって結果が何か変わるのか」という意見もありますが、本当に確認しないで、ましてや死刑求刑が予想される事件で、「間違いないでしょう」「きっとこれは間違いないだろう」ということですましていいんだろうかという思いが心の中にありました。その面では、きちんと確認をしたということは良かったと思います。

実は、これくらい大きな事件の方がたくさん不同意を出して徹底的に尋問をするというのはやりやすいとも言えます。さすがに、裁判官も文句を言いません。むしろ、難しいのは1発なぐったか2発なぐったかという結局執行猶予がつくだろうという事件のような場合です。徹底的に確認をしたいと言ったときに、検察官が難色を示しますし、裁判官も嫌な顔をします。そういう時の方が、大変でしょう。むしろ、不同意をして尋問をする際に心を砕いたのは、ご遺族や被害に遭われた方の目の前で尋問をするんですから、何でこんなくだらんことを聞いているのかとか、非常にアンフェアな揚げ足を取っているとは思われたくはないということでした。刑事弁護人としてやるべきことをきちんとやっているという姿勢を示すということです。

7. 第6講──伝聞例外に対する異議：結果はわかっていても

伝聞に対する異議はほとんど出しました。伝聞証拠で採用されかかると、反対の意見を述べ、採用されると、異議の申立を出しました。「ただいまの採用決定は、刑事訴訟法321条4項に違反します」とか言いました。結果はわかっています。絶対に異議は通りません。絶対に採用されます。しかし、やはりこれも、きちっとやっておきたかった。自分の出した異議は、決してパフォーマンスのためではなく、当然通ってもいい異議を出しています。一番大きな異議は、鑑定書に対してのものです。サリンの鑑定にしろ、青酸ガスの鑑定にしろ、基本的データが何もつけられていないことについて異議を出しました。刑事訴

訟法321条4項には、鑑定書とは、鑑定の経過及び結果を記載した書面とあります。この経過を記載した書面という意味は、鑑定という結果を出すためにはいろいろな検査をしているわけで、そのデータを添付して、そのデータを第三者が見ればその結果が正しいかどうか後日検証できるようにするためだと思います。ところがデータが添付もされていない。そうなると、言わば闇の世界です。証人尋問する際にも、「検査をしたのか」「しました」「本当にやったのか」「やりました」「証拠はあるか」「私が見ました」となってしまいます。その「私」が間違っていたらどうするのか。サリンでも、「サリンのピークが出ました」「どういうピークが出たのか」「サリンのピークでした」。これで裁判官は心配にならないのかと思うんだけれども、裁判官は、技官がサリンのデータが出たというのだから出たんでしょうという顔をしている。データをきちんと出してもらえば、弁護側の知っている法医学者に見せることもできる。このデータからはそこまで言えないよとなれば、疑問が生じてくることにもなります。したがって、データの添付の無いものについては、とことん異議を出しました。しかし、全部通りませんでした。

　もう一つは、実際の鑑定をした日が、鑑定嘱託の日よりも前であることに異議を出しました。これは、おかしい。鑑定書に伝聞例外を認められているのは、きちんとした鑑定嘱託があり、その鑑定嘱託に基づいてきちんと鑑定したから、手続的正義が守られていると言えるのであって、鑑定嘱託が出る前の検査データを使うのはおかしいと争いましたが、通りません。裁判所としては、実体として、鑑定結果が違うことにはならないだろうということでしょう。

　間違ってほしくないのは、何でもかんでも異議を出したのではないということです。伝聞例外の請求があったときに、反対意見にとどめるものと、異議まで出すものとを整理していたつもりです。その点は、裁判官にも理解してもらえたのではないかと思います。

8.　第7講―鑑定：被告人の意思に反しても

　弁護側の立証についてですが、打合せの際には、冒頭陳述をやって、弁護側証人としての共犯者証人尋問を何人かして、そして、被告人質問、そして、どうしてもやってほしいのが、検証と鑑定であるということを言いました。幸いにして、検証も鑑定も認められました。実は弁護団は愕然としました。検証も鑑定も認められたということは、死刑だろうかと真剣に悩んだのです。これで

は、審理不尽の主張も出来なくなります。

　検証では何をやったか、サティアンを見てもらいました。実際に、オウム真理教のサティアンを見に行ったのは、G法廷とこの法廷しかありません。なぜ見てほしかったのか。あれだけの事件を起こした人たちが、何であんな事件を起こしたのかを考える際に、彼らが所属していた教団がどういうものであったかを実感してもらわないと困る。あのピラミッドのようなサリンプラントは、要するに人件費ゼロ、それぞれの信者が働きに働き、手作りで立ち上げているわけです。それは、すごいもんです。人が宗教というものを信じ、それにのめり込めば、無報酬で、あのオウム食という味気のないものを食べて、不眠不休であああいう作業をすることができる。そういうものを裁判官に見させたい。そういう中で、生きた人間をどう裁くかを判断してほしい、という思いでした。この思いも届きました。

　精神鑑定ですが、取りわけ被告人はオウム真理教に16歳から入っています。したがって、それ以降、社会とは完全に断絶して、10年過ごすということになります。そういう精神状態の人間は、普通の人間とは違うのではないかという思いがずっとありました。そういう思いがあったからこそ、公訴事実の時にも言いましたが、たとえ世間がどう言おうとも、期待可能性がないという主張はしておかなければいけないと思ったのです。これをやらないで事件を終わらせてはいけないと思っていました。

　被告人は鑑定に反対しました。彼の気持ちもわからなくありません。彼が当時言っていたのは、オウムに入って悪いことをしてしまった、しかし、自分は決して狂ってはいないということでした。彼の思いからすれば、自分の心の中を見られるのは耐えがたいということだったのでしょう。しかし、接見を繰り返して、何とか彼を説得しました。

　その結果、マインドコントロールの第一人者の静岡県立大学の西田先生の鑑定を受けることになりました。西田先生が東京拘置所に足しげく通って、面接や簡単な検査をして鑑定書を書いてもらいました。私は、オウム真理教の全ての被告人にこの情状鑑定が認められるべきであったと思います。数多くの弁護団が請求しましたが、まともに認めてくれたのはこの法廷だけです。16歳からカルトに飛び込んでしまい、社会と断絶された人間がどうおかしくなっていくのかという点にメスを入れたのは、この鑑定だけです。鑑定と言っても通常とは質の違う鑑定でした。他の裁判体は必要性がないということで却下していますが、残念です。刑事裁判というのは、人を裁くためだけですが、例えば、

もしこういう鑑定をきちんとやることによって、カルト対策を考える大きな材料を提供することにもなったと思います。

9. 第8講──被害者尋問：検察官の不誠実さを正す

被害者尋問の問題があります。近時、被害者の人権が叫ばれています。オウムにおける被害が、被害者の権利に目を向けさせるきっかけになったと言っても過言ではありません。その中で、全ての被害者調書を不同意にし、ほとんどのご遺族に対し尋問をしました。ご遺族の調書の場合は、客観的事実の部分には同意をしましたが、「被告人には死刑を求めます」という被害感情の部分は不同意にしました。これも議論があると思います。

法廷に呼んでも結局同じことを言われるのではないかと言われました。しかし私は、国選弁護人である以上、たとえ被害者の感情がそうであっても、被告人に対して死刑を望んでいる書面を、弁護人が「同意」という形で法廷への顕出を認めることはできませんと抵抗しました。その結果、検察官は呼べるかぎりのご遺族を証人請求しました。もちろん、ご遺族の希望もあって、出張尋問という形で、非公開で多数おこないました。

被害者の人権を考える際に、この経験は重要なものになりました。一つは、検察官は偉そうに被害者の人権を言いますが、これに対してはけしからんものを感じています。なぜなら、検察官は、被害者のことを考えているとはとても考えられないおざなりな尋問をしているからです。あんな検察官の尋問であれば二度と法廷に出たくないという感想が述べられたとも聞いています。私は、すべての記録を全部読んで、どの記録がどこにあるかと言われれば、すぐに言えるだけの自信を持っています。そこまで記録を読み、被害者の方がどういうことに遭われたかということも記録をした上で法廷に臨んでいます。ところが、検察官は、1年ごとに交代します。被害者の尋問をする検事が、どこまで地下鉄サリン事件の中身を本当に精査しているのか、疑わざるを得ないのです。それは尋問の言葉の端々にも表れます。しかし、被害者の方に対して、そんな不誠実な態度はないはずです。被害者の方は、あれから3年ぐらいたって、今なお心の奥底にしこりがある。今、被告人を前にして、被害者の方が一番言いたいことは、それぞれ違うはずなんです。にもかかわらず、どういう証人テストをやっているかわかりませんが、事件当時、先輩検事がとった検察官調書と一字一句違えないように尋問していくだけなんですね。検察官調書と違

うことが出てくると、「いや、こうではないですか」と聞いていく。検察官調書は検事が書いたものであって、ご遺族の方はご遺族の方なりに、自分の言葉でいいたい感情があるはずです。それを一々調書にあてはめてしか聞けないのか、と思ってきます。もし、検察官が被害者の人権を言うのであれば、被害者尋問をする際にもう一度襟を正して、検察官の尋問技術によって、被害者の方が言いたいことを引きだしてあげることが必要だと思います。

　私がやった被害者に対する反対尋問では、被害感情に直接触ることはしませんでした。むしろ私がしたことは、被害感情の土台になる知識がどの程度正確なのかという検証だけしました。例えば、被害者の方は主尋問で「被告人から一言のわびの言葉も来ない」と言われる。そこで、ぼくは「被告人から被害者の方にはお手紙を出させないという請求が検察官からされて、裁判所が出してはいけないと決定を出していることを、検察官から聞いていないのですか」と聞きました。被害者の方も、そういう事情だったんですか、ということになります。

　それから、もう１つ証人に聞いておきたかったことは、被告人の役割を被害者の方は聞いているかということです。「首謀者です」と答えますので、「誰から聞きましたか」「検事も言っていましたし、新聞にもそう書いてあります」「首謀者ということが、今の感情に影響があるんですか」「そうです」。つまり、情報操作とまで言うかどうかは別にして、そうした情報がかなり大きな影響を与えていることを明らかにしておきたいという思いはありました。そして、「被告人が罪を認めて、他の共犯者の法廷でいろいろとしゃべっていることはお聞きですか」と聞きました。「聞いていません」と言われれば、「そういう事情があるんですが、そういう事情を踏まえて、どうお考えですか」と聞くことができますし、「知っています」と言う場合には、「そういう被告人の態度をどう思いますか」と聞くことができます。被害者の感情を逆撫ですることではなくて、そういう感情が何に基づいて、どういう土台から生じるものなのかを確認することの大切さを教えてもらいました。

　被害者の尋問で忘れてはいけないことは、被害者の方に被告人を、あるいは、被告人に被害者を、直接対面させることの効果でした。被告人からすれば、被害者に自分が面罵される。被害者の方が、被告人に向き直ってから、面罵する。これは、被告人をして、被害の重大さ、自分が何をしたのかということを、真剣に考え悩むきっかけになります。被害者の方の中には、被告人にもう二度と会いたくないという方もいますが、一方、現に被告人と対面することによって、

ある意味では肩の荷を降ろしたと言った方もいました。もちろんこれは、弁護人である私の一方的な見方かもしれません。しかし、検察官が公判維持を考えて接見禁止状態を続け、裁判所がそれを認めて、被告人と被害者が直接対話することがまったくなしに法廷を終了させることが決していいやり方ではないと確信しています。もちろん、希望していない被害者の方に被告人と対面させる必要はありませんけれども、「どうしてこんなことをしたのか」直接聞いてみたいと言われた方はいました。そういう機会を与えることで、被害感情の癒しが法廷の場を通じて行われる可能性は決してないわけではないと思います。

　それから、被害者尋問で忘れてはならないことは、ご遺族の方には礼を尽くすべきだということです。これはマニュアルでも技術でもありません。ぼくにいわせれば、被害者尋問のある日に弁護人が、当然のように時間ギリギリに法廷に入ることはアホのやることです。ぼくは、被害者の方が法廷に来るよりも前に法廷に入り、被害者が来られたときにご挨拶しました。いきなり尋問の際に立ち上がって、ご遺族に初対面で「私から聞かせて頂きます」なんてことはできません。

10. 第9講──被告人質問：被告人の人間性を暴く

　被告人質問は、きわめて異例なものとなりました。なぜ異例だったのか。形式的には、被告人と打ち合わせをしていません。被告人はものすごく打ち合わせを求めました。尋問事項を入れてくれと言いました。彼にとってみれば、練習をしたい。簡単に言えば、弁護人にOKという言葉を言いたい。しかし、それは最悪だと思います。そんなことはすぐわかります。普通の被告人質問は被告人の言いたいことを付度し、それを順序たてて整理して、尋問をすることで、被告人が今何を考え、どう悩んでいるのか。どういう思いに立っているのか、それをわかりやすく裁判官に説明をする。そのためのナビゲーターの役を弁護人はするのですが、今回は全く違って、彼の持っている人間性そのものを赤裸々に裁判所に表してみたいと思いました。したがって、そういう方向での尋問に終始しました。言わば、対決型の、検察官以上に厳しい質問をしました。

　情状弁護では、検察官が質問しそうなことを先取りして聞いて、彼に弁解する機会を与えるということもありますが、それとも違います。検察官でさえ聞かないきついことを彼に聞きました。それによって、世の中を分かったふりして何も分かっていない彼の幼稚さを明らかにしようとしました。例えば、被告

第5章　オウム事件10講　145

人が獄中で詩を書いています。彼は裁判官に出したいというので、２〜３を書証で提出して、尋問で聞きました。「どの詩を読んでも人生は苦しみだと書いてありますが、どうしてそう思うのですか」すると、彼はいろいろと偉そうなことを言う。そこで「今、あなたが言ったことは鈴木大拙さんの受け売りなのではないですか」と聞くのです。「オウムの本の中には『本当の修業というのは、苦しみの中から得るものだ』と書いてある。あなたは苦しんだということを言わないと修業していると思えないから、苦しいと言っているだけではないのですか」と責めていくわけです。そこで彼が、答えに詰まる。その姿を裁判官に見せたかった。後で聞いた話ですが、そういう質問で彼がうろたえる。自分の幼さを法廷で暴露する過程は、ご遺族にとってある意味では癒しになったそうです。ご遺族も本当なら直接彼に言いたかったと思います。それを代わりに弁護人が質問し、被告人がぼろぼろと崩れていく。

　被告人質問で何を聞くか。誰もが聞きたいことというのがあると思うんです。それを弁護人が問いかける。それに対し被告人に答えさせ、あるいは答えることができなければ、できないという態度を見させること、それが大事だと思います。

11.　第10講──弁論：この裁判に何を残すか

　いよいよ弁論になります。論告は、終始一貫、極めて凶悪で被害感情が強いということを、四文字熟語を使って何度も何度も言い直すというものでした。われわれ弁護団も、凶悪であること、悲惨であること、被害感情が強いことはまったく否定をしません。それは争いになっていません。

　論告の際に勇気を持ってしたことに、論告の中の証拠に基づかない部分を削除しろと異議を申し立てました。地下鉄サリン事件が勃発したことによって日本国が国際的信用を失ったという点です。実は、このような異議を出すべきかどうか相当迷ったのですが、結局「いつ、そのような立証をしたのか」と言いましたら、裁判所は「削除して下さい」と言ってくれました。人一人に死刑を求刑するときに、もっときちんとしてほしいと思いました。検察官としても、こんなことを言わなくても、弁護人から何を言われても揺るぎない論告ができるはずです。

　それに対して、私たちの弁論では同じ過ちをしてはいけないと真剣に考えました。弁論では、事実関係についてかなり書きました。各事件について、共同

正犯ではなく幇助犯であるとか、殺意がないとか、そういう点については論拠をあげてかなり書きました。弁論の構成は、第一部が事実関係論、第二部がマインドコントロール論、第三部が一般情状論です。

　この弁論の時にぼくが考えたのは、次のようなことです。被告人が関与したということでは冤罪事件ではありません。単に情状をあげて被告人の命を救おうとするならば、言わばあたり前の弁論になってしまう。そうではなくて、この裁判を通じて世の中に残せるものは何かと考えたときに、彼だけが16歳という思春期のまっただ中でカルトに入り、世間から離れていく、要するに世間と没交渉であるわけです。オウム真理教の中では、様々なコントロールを通じて、人間としての成長が止まってしまう。そのことをきちんと判決で認定してほしい。カルトに入ることは恐いことですよ、ということをこの判決で残すことに心を砕きました。西田先生に聞いたところ、社会人としてまともになるかどうかというのは、人間としての成長があるかどうかということです。その成長は普通の社会において、日常的な人と人とのコミュニケーションの中でしか培われない、ということでした。したがって、カルトに入って日常的なコミュニケーションを失う、そして、オウムの中では接する人間全てが自分より上か、自分より下になって、対等という関係がない。

　そういう中で、暮らすことによって、基本的な人間としての成長が止まってしまう。ですから、25歳の人間を裁いているのではなく、16歳から成長が止まっているのだから、実体は16歳の少年を裁いているのだ、いわば少年事件だということを訴えました。

　もう一つの弁論の柱は、彼のマインドコントロールはまだ解けていないということでした。弁論の最後で言ったことを今でも覚えています。

　私は、彼が逮捕された直後からつきあっています。彼がオウム真理教から離れ、それを批判し、G氏と対決して、法廷で様々なことを暴露した過程を見て、マインドコントロールから解かれていると我々は確信をしていました。しかし、ただ何となく違和感を感じていました。その違和感は、彼の持っているプライドの高さだとか、社会経験のなさだと思っていました。ところが、西田鑑定によって、彼はまだマインドコントロールからまったく醒めてはいないということでした。G氏を信仰するところからは解けたけれども彼が培った密教信仰、その中における、一人間としてではなくて修行者なのだという価値体系からは一歩も外に出ていない。いわば素の人間には全く戻っていないということでした。弁護人としては、はっきり言ってショックでした。カルトに10年

第5章　オウム事件10講　**147**

も入れば、そうなってしまうという恐さを再認識しました。弁護人としては、何としても、被告人を素の人間に戻してやりたい、素にならないと、彼自身がやった罪の重さとか、罪の厳しさとか、被害感情の厳しさとかに思い至らないだろう。西田先生が言われたことだけれども、もし本当に思い至ることになれば、人格が破壊されて大変なことになっただろう。自殺するかもしれない。しかし、思い知らせなければいけないのではないか。今、彼を死刑にしてしまえば結局、本当の自分の罪の重さを知らないで終わることになってしまう。それではいけないのではないか、ということを弁論の締めくくりにしました。

　ここで学んだことは、いかに弁護士は表面的にしか被告人を理解できないかということです。僕たちは、接見して、彼はまともなことを言うわけです。そうすると、徐々によくなっていると本当に思うわけです。ところが、それがまったく醒めてはいない。彼は自分を修行僧として考えている。被害者の方が、被告人からは真心が伝わってこないとか、本当に反省しているとは思えないと言うわけですが、これは人間的な勘から気づいておられたということなんですね。そうか、彼は修行僧なんだ。修業として被害者の持っている気持ちを観想する。チベット密教の修業として被害者の気持ちを考えているともいえるわけです。

　だから、いくら被害者の方に謝罪しても、それは被害者の方にはピンと来ません。被告人質問のやり取りも、これだけ修業しているのに、なぜ神山先生は僕を批判するのだろうということだったのではないかと思います。そういう意味で、専門家の技術は大変なものだと思いますし、早期に心理学者のアドバイスを得るなり、心理学者の人に特別弁護人という形で入ってもらって接見を繰り返せばよかったと思います。

　最後の場面でそうした鑑定が出て、今の被告人の姿が暴露されました。被告人の心を動かしたのは、弁護人ではなくて、ご遺族が面罵されたその厳しい言葉と、西田先生や浅見先生の鑑定によって今ある現状を暴露されたことです。彼はどうも今までの自分が根本的におかしかったことに気がつき始めたというのが、弁論の時期でした。昨年６月の判決の中で、彼の反省の態度ははなはだ不十分であったが、ようやく修業ではなくて、修業を捨てて人間になることをわかりつつあるので極刑は躊躇すると書いていただけました。裁判長も判決の最後に、「君の命を救ったのは修業するためではない。瞑想のためではない。人間としてご遺族の気持ちを考えてほしい」と訓示を言いました。

　被告人というのはあくまで揺れます。しょうがない。揺れるんです。たとえ

ば、事実を認めても、その事実を認めたことについて、やっぱり、またしばらくたって、「いや、本当はそうではない。ちょっと違うんだ」と言う。あるいはまた、そうは言っても、また検事にひっぱられたらまた揺れる。けれども揺れ動いたときに、弁護人として、絶対にやってはいけないことは、「前、こう言っていたではないか」と言うことです。そう言ったって、しょうがない。被告人はそういうものです。身体が拘束され、自分の命が奪われるかもしれないという不安の中で、一喜一憂しているわけです。当然揺れる。そのときに、弁護人としては、そういうものだということを前提につきあっていかなければならない。ここは、非常にたいへんなことです。もしこれを、僕が1人でこの弁護をやっていたら、おかしくなっていると思います。そこを5人のメンバーでですね、相互に和らげながら、この裁判をどういう形で決着をつけたいのか、何をいったいこの弁護団は訴えておきたいのかということを見失わないようにして、ずっと、やってきたつもりです。

　幸いにして、一審の判決は、我々のいうことを良く理解してくれたと思います。そのことについては、敬意を表しています。ただ、検察官は控訴しました。検察官の控訴理由はたったひとつです。「彼は死刑にすべきである」ということです。これに対して、「どのように、また闘っていかなければならないのか？」というのは、これからの課題として残されています。控訴審が終わったときに、このような偉そうな話ができる保障はどこにもありません。ある意味では、この時期だからこそ、話せる話なのかもしれません。けれども、最初にいったようにMさんは、まったく争わず、すべてを認めて、無期になりました。被告人は、弁護団が今言ったような悩みを抱えながらも、ほとんどの事件で、全面的に争い、無罪まで主張し、証拠をほとんど不同意にして、そしてとことん争った。それで、無期になった。このことをぜひ何らかの参考に考えていただければと思います。今日はどうもありがとうございました。

第6章
オウム事件第一審の弁論
神山啓史

1. 弁論

伝承の会　以下はオウム事件第一審の神山啓史弁護士の弁論である。弁論の目次を示した後、第2部、第3部の全文を示す。書式はB判紙縦書きの時代のものである。仮名にし、横書きにしたほかは、数字を含めて全て原文のままである。全文「ですます調」で書き、これをそのまま朗読したと聞いている。

目　　　次

第一部　事実関係
　　　　　はじめに
　第一　A事件
　　一　争点の確認
　　二　事実の確定
　　　1　被告人の供述する事実
　　　2　B供述との相違点
　　三　被告人の罪責
　　　1　被告人は幇助の意思でA殺害の幇助行為を行ったものです。
　　　2　被告人には適法行為の期待可能性がありませんでした。
　　四　被告人の犯情
　第二　VX事件
　　一　争点の確認

二　被告人の罪責

　　　1　被告人のVX三事件における役割

　　　2　被告人のVXに対する認識

　　三　被告人の犯情

第三　C事件

　一　争点の確認

　二　事実の確定

　　　1　被告人の供述する事実

　　　2　検討点

　三　被告人の罪責について

　　　1　因果関係

　　　2　C死亡の予見可能性

　　　3　被告人の罪責

　四　被告人の犯情について

第四　地下鉄サリン事件及び自作自演事件について

　一　争点の確認

　二　被告人の主張する事実

　　　1　平成七年三月一八日未明のリムジン内の会話について

　　　2　一八日午前四時前後の第二サティアン到着後の言動

　　　3　上九〜杉並アジト〜八王子インター〜上九

　　　4　一八日中の午後三時以降の上九での言動

　　　5　一九日午前中の東京での言動

　　　6　一九日午後の上九での言動

　　　7　一九日夜の杉並アジトでの言動

　　　8　被告人、D、EによるF宅の爆弾事件の実行

　　　9　杉並アジトへ火炎瓶を取りに戻り、青山へ火炎瓶を投擲

　　　10　一九日午後九時渋谷アジト到着後の言動

　　　11　二〇日未明の上九での言動

　　　12　二〇日当日の東京での言動

　　　13　地下鉄サリン事件後、初めてGと会ったときの状況

　三　検察官の論告要旨に対する反論等

　　　1　リムジン内におけるGと被告人との謀議成立の成否について

2 一八日午前三時以降のHの部屋における会話内容及びその後の同日夕刻になされたIの部屋における会話内容等〜特に、被告人が本件地下鉄サリン事件に関して運転手役の必要を発案したか否か〜について

3 Iが上九から出発するJ、K、Lらに対して、被告人と連絡を取ってその指示に従えと申し向けたとの主張について

4 一九日夜の渋谷アジトでの会合における被告人の言動について

5 一九日夜の渋谷アジトで被告人が実行者に現金を手渡したとの主張について

6 杉並アジト及び渋谷アジトを被告人が実行者らの集結場所として提供したとの主張について

7 M供述の問題点及び他への影響

8 H供述の信用性

9 自作自演事件において被告人に治安を妨げ及び人の身体を害する目的があったとの主張について

10 まとめ

四 被告人の罪責及び犯情

1 罪責

2 犯情

第五 新宿事件及び都庁事件

一 争点の確認

二 取り調べた証拠から認められる事実

1 新宿事件

2 都庁事件

三 被告人の犯情

第二部 オウム真理教事件の特殊性

第一 オウム真理教の恐怖

一 問題は何か

二 解答は何か

第二 被告人の心理拘束

一 被告人の状況

二　検察官の指摘に対する反論

　　三　西田鑑定の信用性

　　四　被告人に対する非難可能性の程度

　第三　期待可能性の欠如

　　一　教団の状況

　　二　検察官の指摘に対する反論

　　三　期待可能性の程度

第三部　情状

　第一　有利な情状

　　一　精神的未熟さ

　　二　反省

　　三　被告人の現状

　　四　証人日当の寄付

　　五　両親の贖罪

　　六　前科

　　七　動機

　　八　行為

　第二　検察官の意見に対する反論

　　一　死刑の違憲性

　　二　死刑選択の基準

　　三　検察官の指摘する情状

　　四　共犯者との比較

　第三　弁護人の思い

　なお、人物名・場所の略称等については原則として論告の凡例等論告の用語に従いましたが、G'についてのみは、本件一連の犯罪が社会的実態としてはオウム真理教が教団として犯したことに鑑み、「G」とします。

　検察官は被告人に対し死刑を求刑しました。

　弁護人は、死刑は相当でないと確信しています。

　第一に、各犯行時被告人には、Gの指示に逆らえば裏切り者として殺される

現実的な危険があり、適法行為を行う期待可能性がありませんでした。

　第二に、期待可能性がないとは言えないとしても、被告人はオウム真理教を信仰し修行したことによってＧからマインドコントロールを受け、本来の良心に従って自己の意思決定をすることができない心理拘束を受けていました。

　これに被告人が深く反省悔悟している状況などを総合すれば、最高裁判例の基準に従ったとしても死刑は重きに過ぎます。

　以下、

　第一部においては、各公訴事実についての争点を確認した上で、証拠に基づいて事実関係を確定して被告人の罪責を明らかにし、各事件における犯情を検討します。

　第二部においては、オウム真理教の信者がオウム真理教を信仰し、Ｇに帰依することによってどう変わってしまうのかという視点を中心にして、オウム真理教事件の特殊性を論じ、被告人の心理拘束、期待可能性の有無を明らかにします。

　第三部においては、被告人に対して斟酌すべき有利な事情を検察官の主張に対する反論を加えつつ検討します。

第一部　事実関係（略）

第二部　オウム真理教事件の特殊性

　本件を含むオウム真理教信者の起こした事件は、一般の刑事事件とは全く異なった性格を持っています。

　第一に、被告人らはいずれも本来善良な青年たちです。それどころか、普通の青年以上に真摯に現代社会の矛盾を考え、人類の将来を良いものにしようと考えていました。

　第二に、被告人らはいずれも犯行により何の利益も得ようと思っていません。

　第三に、被告人らは、自分たちの犯行を自分たちの信じる真理からすれば「人類を救済するための善行である」と信じていました。

　第四に、被告人らの犯行は、いずれもグルであるＧの指示によるものです。被告人ら自身が考え出したものは何一つありません。

　第五に、被告人らの犯行は、いずれもグルであるＧの指示を受けた複数の者による共犯事件です。犯行の背景にはグルであるＧを頂点とする宗教上のス

テージによる上下関係が存在していました。

被告人らの犯行は、その結果として極めて悲惨な状況をもたらしました。しかし、被告人らがオウム真理教を信仰していなければ、Gに帰依していなければ、決して起こることがなかったことだけは確かです。

そうであれば、本来善良な青年であった被告人らが、なぜこのような犯罪を行ったのか、オウム真理教を信仰することによってどのようなメカニズムでこのような犯罪をやることになってしまったのか、を解明することなくしては、適正に被告人らの刑事責任を判断することはできないと考えます。

検察官は論告の冒頭において、「オウム真理教教団の武装化と各種違法行為の実行」を長々と指摘していますが、その中でオウム真理教の信者が、何を考え、何をし、どうなって犯行に至ったのかについては、何も論じていません。

検察官の論告は、オウム真理教事件における信者の刑事責任を考えるに当っての最も重要な要素の論述を欠いていると言わなければなりません。

論告は、本件の実相に迫っておらず、被告人の刑事責任を適正に指摘できていません。

弁護人は、二度と同じような犯罪を惹起させないためにも、破壊的カルトの中で人間はどうなっていくのかを裁判所が考え、判決の中で示すことが必要だと思います。

第一　オウム真理教の恐怖

一　問題は何か
1　被告人を含む多くの青年がオウム真理教の教えに魅力を感じています。

オウム真理教の教えを一言で示すことはできませんが、被告人らの心をとらえたのは、概ね、

「現代社会は真理を知らない人間のために汚れている。

このままではハルマゲドンによって人類は滅亡する。

人類を解脱悟りに導き、ハルマゲドンを回避して人類を救済しなければならない。」

という内容です。

オウム真理教の信者が殺人等の犯罪を起こすに至ってしまったとはいえ、右の教えそのものはなんら悪いものではありません。混沌とした現

代社会の中で
「人間が生きるべき道として魅力的に見える一つの可能性を示したもの」
(西田証言)でもありました。

2　もう一つの大きな魅力は、解脱悟りに至る方法が具体的にマニュアル
化されていたことです。

　　霊性の開発を求めて阿含宗に入信しながら、期待を満たされず、オウ
ム真理教に求めて入信した者が、被告人、M、N など少なからずいます。

　　このことも、解脱悟りを求めてより具体的修行をしたいと願う気持ち
として、決して非難されるものではありません。

3　被告人を含む多くの青年が、少なくとも入信時において、苦しい修行
により解脱悟りを得ようとし、そうすることによって人類を破滅から救
おうと真剣に考えていたことは間違いのないことです。

　　そのことは、被害者的立場にあるO 証人、P 証人も「若い人たちには
クリーンな感じを持った。まじめで一所懸命だった」「すごい青年、純
粋な青年たちだった」と証言しています。

　　オウム真理教が武装化し、信者が殺人等の犯罪を起こすことになると
は、夢にも思っていたわけではないのです。

4　ところが、オウム真理教はヨーガサークルからはじまり巨大武装集団
へと変貌してきます。

　　オウム真理教の組織、教義、修行方法は相互に関連しながら変わりま
す。G がその胸中を語らない以上、真実はわかりませんが、証拠上明ら
かな客観的状況は概略次のとおり示すことができます。

㈠　オウム真理教は、いわゆるヨーガ道場からはじまり、一九八七年オ
ウム真理教になるまで、オウム神仙の会として、ヨーガの技法を学ぶ
ことにより個人の解脱悟りを目指すものでした。

　　G はヨーガの「先生」であり、布教により個人の霊性を開発し、そ
れによってハルマゲドンを回避することが人類の救済でした。

㈡　オウム真理教になった頃からG は「グル」になり、グルへの絶対的
帰依と、功績を積むワークが強調されるようになります。

　　解脱悟りに至るためにはグルの導きが不可欠であり、グルの意思を
実践することが修行であり、グルの意思に疑問を持つことは修業が足
りないとされました。

　　信者は人類救済のため、自分の思考を煩悩として捨て、G の意思の

みを受け入れる人間に自分を変えようと修行することになりました。

㈢　Gは勢力の拡大を図るために政治権力の獲得が必要であると考え、一九九〇年選挙に出ますが完全に敗北します。

これを転機として、Gは、人類を救済するには、武力による救済しかないと説き、教団を武装化して現代社会を破壊するヴァジラヤーナの実践を信者に命じるようになります。

㈣　Gは一九九一年キリスト宣言をし、予言を利用して自らを「救済者」と位置づけ、ハルマゲドンの回避は無理であり、ハルマゲドンの規模を少なくするために自らハルマゲドンを引き起こす、それが神々の意思に基づいた人類救済のための自分の役割であると説くようになります。

㈤　そしてGは、Gの意思に従ってヴァジラヤーナの実践をする兵士を短期に数多くつくるために、一九九三年修行方法を変革させ、薬物イニシエーションを導入します。

㈥　さらに、一九九四年以降、

①　毒ガス攻撃を受けているとして被害者意識をあおり、

②　省庁制の下に組織を固め、

③　兵器の研究、開発、製造と兵士の訓練を進め、

④　薬物イニシエーションを改良して、より早い入信、出家、ヴァジラヤーナの実践に導く、

という体制をつくりました。

5　Gの説く救済が、

①　「布教による個人の解脱悟り」から

②　「武力による現代社会の破壊」へ

と変わっていった時、オウム真理教の信者は、入信時に思い描いた状況と大きく異なっていくことに違和感を抱いたはずです。

とりわけ考え難いのは、「人類の救済」を志していた者が、「ボツリヌス菌を製造・散布して人間を殺害する」という計画を、どうして受け入れたのかです。

この心情について、信者は次のように証言しています。

㈠　Q証人は、

「こんなことをやっていいんだろうかと思う。

しかし、そういう気持ちを起こすこと自体が敗北。許せない。否定

できないのは弱いからだ。修行が足りないからだと思う」

「Gは真理を体現している人。

Gが信じていることは正しい。ポアしてあげることが本人のためにもなると納得して信じている」

と証言しています 。

(二)　M証人は、

「Gを最終解脱者であると信じている。

Gは分かって、カルマを見切って判断してポアする」

「最初は慌てた。

批判的に思ったら、私が心を揺らしたことが読まれて私もポアの対象になる。一生懸命それを隠そうとした」

「Gを否定することは修行を捨てたことになる。

やっぱり一貫したい」

と証言しています 。

(三)　R証人は、

「Gに対する気持ちが揺れると、自分には分からない点が多くある。過去におけるカルマの清算であると考えて疑念を打ち消していく。自分で自分を洗脳しているようなことを繰り返していた」

「S事件に関与した後は、現世にもう戻れない。逆にGにすがりたいという気持ちが強くなった。教義を信じることによって自分自身が救われていたい」

と証言しています。

(四)　T証人は、

「今の世の中は通常の布教活動では救済されない。

ポアすることによって、これ以上悪業を積ませないと信じていた」

「抵抗があると、まず自分には教義が根付いていないのかなと思って抵抗する気持ちを抑えつづける。抵抗を感じる自分自身の心のほうが煩悩にとらわれていると思う」

と証言しています。

(五)　V証人は、

「指示は救済であるから、これを行うしかない。

通常の思考では計り知れない深い意味があるはずという確信。指示は断らないものである。できないことであっても、それに向かって

努力するという思考が定着。やりたくないという気持ちを封じ込める心の働き」

と証言しています。

㈥　その他、証人として証言をしたすべての人が、Gの指示に疑問を感じた時、

一方で、疑問を感じること自体、悪業であり、修行が足りないのだと思って自分を責め、

他方で、自分には理解できないが、Gの指示には深い宗教的な意味があるんだと考えて、

結局、Gの指示を「人類救済のための善」と信じて行動しているのです。

6　これらの証言は、

第一に、犯罪事実を認め、厳しい刑罰を受けることを覚悟した者が供述していること

第二に、多くの信者が同じ内容を供述していること

から考えて、決して自分たちの責任をごまかそうとしているものではありません。

そうすると、これらの証言は、オウム真理教に入信し、解脱悟りを目指して言われたとおりの修行をしていくと、そのように考える人間になってしまう、作り変えられてしまうということを示していることになります。

そこで問題は、このようなことが本当に起こるのか、起こるとすればどういうメカニズムなのか、信者はいわゆる良心を失うのか、信者はどのように考えてGの指示を受け入れるのか、ということにいきつきます。

この問題の解明こそが、オウム真理教事件に課せられたテーマと言わなければなりません。

二　解答は何か

1　オウム真理教に入信すると、信者は解脱悟りを目指して、次のようなGの指示するヨーガ修行をし、Gのイニシエーションを受け、マハームドラーの修行に没入していきます。

西田鑑定は、これらの修行が信者に強力な心理拘束を与え、信者個人の自由な思考を停止させて、支配者であるGに服従させるという効果

を持っていることを、心理学によって明らかにしました。

㈠　オウム真理教では厳しいヨーガ修行が指示されます。そして、ヨーガ修行の結果、信者は神秘体験を得ます。

　　Ｇの指導どおりにすることによって神秘体験が得られたということが、Ｇへの帰依を決定的に強めるのです。

　　西田鑑定人によれば、これは心理学的には「直接知覚に基づく現実性効果」と説明されます。

　　そして、その修業が辛く厳しいほど、信者は修行に高い価値を置き、Ｇにより帰依していきます。

　　これは、心理学的には「認知的不協和理論に基づく不十分な正当化現象」と説明されます。

㈡　他方、信者は、Ｇがダライ・ラマや、カール・リンポチェと交流する姿を見せられ、Ｇの偉大さを確信していきます。これは、心理学的に「社会的現実性の効果」と説明されます。

㈢　ヨーガ修行と併せて、グルヨーガ、記憶修習という修行が指示されます。

　　信者は、グルに帰依するという内容を、繰り返し繰り返し瞑想して頭にたたき込みます。

　　このような修行は、心理学的には、信者の意識を「変性意識状態」にさせ、「強力なプライミング効果を生じさせる」とともに、最終的には「超極限的制止と呼ばれる状態」にします。

　　その結果、プライミング情報が入力されると、いかなる思考もその情報及びそれと関連づけられている情報で「自動的に処理される」ようになります。

　　信者は、Ｇの指示、オウム真理教の教義を条件反射的に用いて意思決定するようになり、個人的な判断、思考を失うのです。

㈣　Ｇに帰依し、人類を救済する手伝いをしようとする者は、出家を指示されます。

　　信者は、出家することにより、社会と断絶することになります。

　　その結果は、

①　財産を失い、家族と離縁することによって、戻るべき世間をなくして、教団で生きるしかない状態になり、

②　情報を管理されて、教団以外の価値観と接することがなくなり、

第6章　オウム事件第一審の弁論　**161**

③　自由を拘束され、欲求を抑制された状態の中で生活を管理され、
　著しいストレスの下で思考能力を失っていき、
信者は、完全に社会性を喪失してしまいます。

㈤　解脱悟りに達して人類を救済するという考え方は、信者に、自分た
ちは特別に非凡な存在であるというナルシシズムを、オウム真理教に
入信しない人々は愚かで哀れなる対象であるというシニシズムを持た
せることになります。

　信者のこの高慢な思いは、修行をする中でどんどんと膨らまされて
いきます。

　出家して社会と断絶した信者は、ますます自分たちを特別の存在だ
と考え、現実社会に生きる人々を見下していくようになります。

㈥　さらにGにより、マハームドラーの修行が課されます。

　マハームドラーの修行は、グルが弟子の煩悩を見抜き、その克服を
目指させるものとされ、グルから与えられる理不尽ともいえる無理難
題を、何としても達成することが求められます。

　そこでは弟子は、与えられた課題が嫌なものでも、間違っていると
思うものでも、最終解脱者であるGは全てを見通しているのであって、
神々の意思に合致することであり、嫌だとか間違っていると思うのは
自分の修行が足りないからだと考えて、心の壁を乗り越えて、課題を
達成していくことになります。

　その繰り返しを行うことにより、Gの指示が「殺人」のような反社
会的行為であっても、信者は神々の意思と信じて、実行するようにな
ってしまうのです。

　西田鑑定人は、「この心理を理解するのがもっとも重要なことであ
る」として、心理学的には、「権威への服従」という現象であり、そ
れを生じさせる原因として、「代理状態」と呼ばれる心理があると説
明しています。

㈦　マハームドラーの修行は、解脱悟りへの道であると位置づけられて
おり、修行を達成すればステージが上がるとされています。

　従って、まじめな信者ほど熱心に取り組むことになります。

　Gは、マハームドラーの修行で苦しむ信者に賞と罰を使い分けて、
信者をより強くコントロールすることができます。これは、心理学的
には「知覚のコントラスト効果」と説明されます。

また、Gは、休む間もなくマハームドラーの修行を与え続けること
　によって、信者を肉体的にも精神的にも激しい疲労状態に追い込み、
　信者の思考能力をより徹底的に奪っていきます。
㈧　Gはハルマゲドンの思想を前面に押し出し、人類を救済するために
　は時間がないということを強調しました。
　　そのため信者は、常にワークを急がされ、心理的にも切迫感にとら
　われて、ゆっくりと考える時間を奪われていきます。
　　これによって信者の思考はますます「情報の自動処理化」がすすみ、
　思考が偏向してしまうのです。
㈨　Gは、教団が毒ガス攻撃を受けていると説き、オウムは真理を行う
　故に弾圧されていると宣伝して、信者の被害者意識を煽りました。
　　「ほふられた小羊」（弁一九）は正にそのためのビデオと言えます。
　　信者は、自衛の名の下に、武装化を受け入れていくことになります。
2　結局、信者は、オウム真理教に入信した後、まじめに解脱悟りを目指
　して修行に励むほど、自由な思考は停止し、Gの指示に絶対的に服従す
　るようになることが心理学的に裏付けられるのです。
　　Gの指示が違法なものであっても、信者は、
　　一方で、「疑うことは帰依が足りないんだ。理解できないのは、深い
　宗教性が自分にはわからないからだ」と考えて心理的動揺を押さえ込み、
　　他方で、「Gの指示は社会的常識からは違法でも『真理』から見れば
　正しいことだ」と考えて自己の行為を正当化して、Gの指示に従うので
　す。
　　信者は、修行することによって、そういうビリーフシステムを持った
　人間に変容してしまうのです。
　　西田鑑定人は、そのような変容が心理学的に矛盾なく十分に説明でき
　ることを明らかにしています。
3　k証人は、被告人らオウム真理教の信者がGのマインドコントロール
　を受けていたことに理解を示しています。
　　k証人は、自分の息子がオウム真理教に入信して変貌してしまった経
　験、サラリーマン生活の中で、ホテルに缶詰めになって研修を受けて、
　一週間か一〇日足らずで会社のために死ぬほど頑張りますとなってしま
　った自分の経験を基に、「説法や書物によって、真理を理解しない人間
　を殺してしまうことは正しいことなんだという解釈をしてしまう人間も

第6章　オウム事件第一審の弁論　163

いるかもしれないな、という思い」があると証言しています。

そして、「Ｇが前途ある若い人達をめちゃくちゃにした」「宗教団体にも経営者側というのがいる。その人達によって償うことのできない大罪を犯した人達がいる」と述べ、憎むべきはマインドコントロールをかけたＧであることを強く訴えています。

第二　被告人の心理拘束

一　被告人の状況

被告人は、オウム真理教に入信後、Ｇに帰依し、解脱悟りを目指して一心不乱に修行してきました。

その結果、被告人は完全にＧのマインドコントロール下に隷属させられてしまいました。

被告人の修行状況は基本的に前述した修行状況と同様です。前述した心理学的な様々な効果は、全て被告人にも当てはまります。

ここでは、被告人にとって特別な状況を指摘します。

1　被告人は入信前すでに、
① 霊感があることを自覚し、
② ヨーガの技法を行い、
③ 阿含宗に入り、
④ 真言密教を基にしている洛南高校を選択する
など、密教の世界に関心と憧れを抱き、修行して解脱悟りを得たいと強く願っていました。

このことは、Ｇのマインドコントロールを受けやすくする要素になっています。

2　被告人にとって、母親はずっと心配で目を離せない存在でした。被告人は母親には甘えられず、母親との絆を負担に感じていました。

一方、父親は仕事でほとんど家におらず、近寄り難い存在でした。

このことが、「肉親の情を絶つ」というＧの教義を受け入れ、Ｇに父性と母性を合わせ持つイメージを見出し、帰依していく素地になりました。

3　被告人は、オウム真理教入信前に、宗教に対し未熟な知識を持っていました。生半可な知識があったことが、帰依をより強めることにもなり

ました。

　被告人は、Ｇの指導するとおりにヨーガを行うことにより、神秘体験を得ます。

　これまでの知識で、解脱悟りを得るには、指導者が絶対に必要だと信じていた被告人は、Ｇこそ偉大な指導者だと信じます。

　被告人は、Ｇがシャクティパットで体調を崩し、視力を失っても弟子にエネルギーを与えようとする姿勢を見て、Ｇは自分を捨てて人類を救済しようとしていると信じ、これまでの知識でＧに「慈悲」の心を見とめて強くひかれます。

4　被告人は、グルと合一することで速やかに解脱悟りに至るという教えを信じ、いわゆる「観念くずし」の修行に励みます。

　この当時、被告人は高校生です。このことは極めて大きな意味を持っています。

　一方で、人間として成長するためのいろいろなことを学ぶ時期に、オウム真理教の教義のみしか吸収できなくなってしまいました。

　他方で、ｊ証人たち年上の人の指導を、疑いなくどんどんと吸収していってしまいました。

　被告人は、このころまで失わずに持っていた若干の批判精神も、自分で納得いくまで考えるという姿勢も、Ｇに「修行が足りない」と言われて、「二度と疑いを持たないようにしよう」と堅く決意して捨ててしまいます。これは心理学的に「オペラント条件づけ」と呼ばれます。

5　被告人は、一八歳半ば、大学一年生の時に出家してしまいます。

　被告人は、社会で働くこと、コミュニケーションをとることなどを経験することなく、社会と断絶してしまいます。

6　被告人は、クンダリニーヨーガを成就し、アーナンダのホーリーネームをもらいます。

　被告人は、以後、オウム真理教の布教に力を尽くすべく、信徒活動に懸命に取り組みます。

　その被告人の様子は、

　「グルの意思を体現している。救済に全てをかけている」（Ｖ証言）

　「頭が上がらないくらい真剣。彼の人生そのものがそこにかかっている感じ」（Ｗ証言）

と表現されるほど突き抜けていました。

そして、被告人自身も、修行の天才ともてはやされ、超能力を得たと感じ、強い自負心を持って活動していました。

　西田鑑定人が「自己知覚理論」として説明されるように、被告人はこの信徒活動を通じて、ますますGへの帰依を深めていくことになります。

7　Gが選挙に負けた一九九〇年春、被告人はGがヴァジラヤーナの救済として細菌兵器を開発、使用しようとしている計画を知るようになります。

　被告人は、「現代社会は堕落している社会だから、それを武力で破壊することによって、新しい真理に基づいた社会を取り戻すんだ」というGの教えを信じていました。

　被告人は、Gの計画が人の命を奪うことになるとわかっていても、「Gは自ら悪業を積んでカルマを背負ってまで真理を実践しようとしている、それをやるのが救済なんだ、神々の意思に基づく絶対的な善なんだ」と理解します。

　被告人は、Gから具体的なヴァジラヤーナの活動を指示されなかったことに劣等感さえ抱いています。

8　一九九三年になり、被告人は炭疽菌の生成作業をやることにより、本格的なヴァジラヤーナの実践、違法活動に関わることになります。

　人を殺傷する細菌兵器を首都圏にまくという計画を知ってなお、被告人はその生成作業に励みます。

　被告人は、「これが神々の意思であり、絶対的な善である」と信じながらも、信徒も死んでしまうということを考えたとき「不安」と「恐れ」が被告人の心の中にわきました。

　しかし、Gから「動揺しないように」と言われると、「考えちゃいけないんだ」という思考が働いて、「Gの指示は神々の意思である」と信じるのでした。

9　被告人は、一九九四年一月、自分の目の前でAさんがGの指示を受けたB証人に殺される現場に立ち合うことになります。

　同年四月、ロシアツアー後のいわゆる恐怖の招集において、Gから、「戦いがはじまったら、ティローパは真っ先に死んでもらう。二番目はラーフラ、三番目はアーナンダだ。お前たちはこれから死んでもらう。抜け駆けはポアだ。アーナンダも例外ではない」と名指しで「裏切れば殺す」と言明されます。

そして、同年五月にはLSDを飲まされ、現実に生死をさまよいました。

　被告人は、このような経験を経て、「Gを裏切れば自分も殺害される」という恐怖を現実のものとして持つようになりました。

10　被告人は、その後、企業への侵入、窃盗を繰り返し、VX事件、Cさんの拉致事件、アタッシュケース事件を経て、地下鉄サリン事件へと立て続けに違法行為に関与させられ続けていきます。

　その中、被告人は、第一に、Gから数多くのワークを次々と指示され、睡眠も食事もゆっくり摂る時間がないほど、忙しく活動させられています。被告人は血を吐くこともあり、被告人の肉体は疲労しきっていました。

　第二に、精神的にも混乱していました。A事件に関与したことは、それを神々の意思として信じていても、被告人に動揺を与えました。

　しかし、動揺していてはワークができない、ワークができないとGに叱られる、裏切り者だと見られたら怖い、だから「考えないようにしよう。もう、何も考えられない」という状態に陥っていきます。

　また、殺人に関与してしまったことで、もはや教団を離れては生きていけないと思いました。

　第三に、その結果、より一層ワークに没入していくことになりました。

　一九九四年暮れから一九九五年に至る時期、被告人が肉体的にも精神的にも疲労しきっていた様子は、H、Xらの証言からも明らかです。

　Hは、当時の被告人の様子について、

　「暴飲暴食をしたり、約束を守らなかったり、極秘事項を話したり、いつも慌てていたり、被告人らしくなかった」と証言し、自分と比較して、

　「被告人には現世の経験がなかった。自分が不安定になった時、どうしたらいいか自分の中になかった。それで、よりGを信じることで不安をなくしていたと思う」と評価しています。

11　以上の事情を総合して、西田鑑定人は、

　「オウム真理教において被告人が経験した状況は、いわゆる『マインドコントロール』の手法と一致する。オウム真理教の心理的拘束力の強力さは、右記に説明した事情が被告人には色濃く認められる。被告人に及ぼした心理的拘束は、ここで取り上げた要因が被告人に対して総力となって強力に影響した。それは、すべてG教祖によって仕組まれたと推

察する。

　（中略）

　被告人は、このような状況において八年も生活してきた結果、自らの自己決定を放棄せざるを得ない状況になり、G教祖によって被告人の行動は操られることになった」と結論しています。

二　検察官の指摘に対する反論

1　検察官は地下鉄サリン事件に関し論告において、「被告人はG'の命令の絶対性ゆえに犯行に及んだものではなく、G'の犯行指示に応ずることを自らの意思と判断で決定した」（九五頁）と指摘し、A事件に関しても、「被告人がG'らとの共謀に加わったのはG'の命令の絶対性のゆえではなく、被告人の自主的判断に基づく」（一四七頁）とし、VX事件についても、「被告人は(中略)自ら納得して主体的にYらを殺害しようとする強固な意思を形成するに至った」（二五二頁)として、「被告人の主体性」を強調しています。

　検察官は「被告人の主体性」を、「人命よりも教団の教義の実践を優先させて犯行に加担することを選択した」（九六頁)という点に求めています。

　なお検察官は、被告人が人命よりも優先したものを

　①　「ヴァジラヤーナの教義」（九九頁）

　②　「教団の防衛、G'の擁護」（一〇〇頁）

　③　「教団内における地位の昇進」（一〇一頁）

の三つに分けていますが、「教団の防衛、G'の擁護」も、「教団内における地位の昇進」も、詰まるところGへの帰依、「ヴァジラヤーナの教義」に対する信仰の表れに他なりません。

　結局、検察官の言わんとするところは、「被告人が内心の躊躇を克服して犯行に加担することを決意したのは、人命よりもG'の唱える『ヴァジラヤーナの教義』の実践を優先させたからにほかならない」（九七頁）、「被告人は、本件が犯罪行為に当たることを十分認識しながら、あえて現世的観念を超越した『ヴァジラヤーナの教義』を至高のものと判断し、自己の生死を賭してこれを実践することを決意した」（九九頁）ということにあります。

　誤解を恐れずに言えば、この点については弁護人も同感です。

被告人は、人命よりも「ヴァジラヤーナの教義」の実践を「神々の意思に基づく人類救済のための善行である」と信じて優先されたからこそ、各犯行に関与したのです。

　被告人がヴァジラヤーナの教義を納得して選択したという意味では「主体的」判断であったことは間違いありません。

　問題は、被告人のこの選択が被告人の真に自由な意思に基づく選択であったのかどうかということです。被告人の真の人格の発露としての意思決定であったのかどうかということです。

　西田鑑定はこの問いに対する答えとして、被告人は、強力な心理拘束を受けていて、真に自由な思考はできず、支配者であるGに隷属していたとしているのです。

　被告人の選択は、被告人の真の人格の発露ではないという意味において「主体的」ではないのです。

2　検察官は論告の冒頭において、オウム真理教教団の武装化と各種違法行為の実行を示し、それらの行為に対する被告人の関与を指摘しています(二〜二〇頁)。

　論告における証拠引用からも明らかなとおり、これらの事実は被告人が自主的、積極的に供述してきたものであり、その限りで誤っているものではありません。

　そして論告は、地下鉄サリン事件について、「このような経過に照らせば、G'からの犯行指示は被告人が関与してきた一連の違法行為の一環ないし延長線上に位置付けられるものにすぎず、被告人がその指示に応じて犯行に及んだこともごく自然の成り行きといえるのである」(一〇三頁)と指摘しています。

　この指摘についても弁護人は同感です。

　被告人はGのマインドコントロール下に隷属していたからこそ、一連のGの指示の下、ずっとその指示に従い続けてきたのです。

三　西田鑑定の信用性

　西田鑑定は心理学的見地から合理的で矛盾なく説明されているもので、その信用性は高いものです。

　西田鑑定人の証言を踏まえつつ、若干付言しておきます。

1　「マインドコントロール」の学問性に問題はありません。

西田鑑定人も認めているとおり、「マインドコントロール」という言葉は学術用語ではありません。

　しかし、本件における問題は、被告人がオウム真理教の中で与えられていた環境が、被告人の心理にどのような影響を与えていたのかを心理学的に解明することであり、「マインドコントロール」という言葉を使うかどうかは意味のないことです。

　人間の行動が環境によって影響を受けることは、古くから心理学において研究されてきた問題です。具体的な環境が人間の心理を拘束し、環境によって操作されることは心理学における数多くの実験が実証しています。

　心理学的常識である個々の心理拘束システムを、総合的に、強力に、心理操作システムとして利用する状態を、「マインドコントロール」と呼んで説明しているだけです。

　なお、マインドコントロール論の研究は、研究者たちが、自分の学生たちが破壊的カルトにとらわれていくのをどのように防止し、どうして取り戻し、立ち直らせるかという問題に直面して、「調査・分析は我々の使命ではないか」と考えて発展してきたものです。その研究は極めて実証的なものです。

2　西田鑑定の基礎となった資料が被告人の供述に依存しているということはありません。

　被告人の供述に注意が必要なことは、西田鑑定人自身が指摘されていることであり、鑑定の基礎には他の共犯者証言等により裏付けのある客観的行動、客観的環境がおかれています。

3　被告人にはマインドコントロールと矛盾する行動が存在するのではないかという疑問についても合理的な解説がされています。

　第一は、被告人は犯行の具体的な方法、手順等について自由な思考をしている、という点です。

　しかし、マインドコントロールを受けていても、人間はロボットになるわけではありません。

　「YさんにVXをかける」とか「Cさんを拉致する」とかといった上位に優先する目的に心理拘束されるだけであって、その課題内であれば自由に思考できて当然です。むしろ、課題を達成することに拘束されているからこそ、その中では全力を尽くして努力することになるのです。

170　第3部　あるべきことは、遠慮も妥協もしない──死刑求刑事件の弁護術

4 第二は、被告人が、Gから指示を受けた時、疑問や疑念をもったと供述している点です。

検察官は、「被告人は(中略)G'が『ヴァジラヤーナの教義』の実践の名の下に気まぐれに殺害や拉致を指示していたこと、G'からの教義実践の指示が宗教的観点からは正当化できないことに十分気付いていた」(四七三頁)。「被告人は、G'の横暴かつ好色な性格、聖人にあるまじき下卑た言動を十分認識し、G'からの蔑み、侮辱に耐え、激しい怒りを押し殺しつつ、『ヴァジラヤーナの教義』の実践を続けていたと供述している」(四七四頁)と指摘します。

まず、マインドコントロールを受けていても、人間はもともと持っていたビリーフシステム(良心)を失ってしまうわけではありません。

浅見証人は、ゆで卵の例を用いて黄身(良心)と殻(マインドコントロール)との関係をわかりやすく説明しています。

Gの指示が、もともと持っていたビリーフシステムから見て疑問を感じるものである時、反射心に疑問が心をよぎることはあるのです。しかし、それをじっくりと考えることができず、疑問を否定する心理拘束システムが作動して、Gの指示を受け入れてしまうところこそが、マインドコントロールを受けているということなのです。

浅見証人は、黄身(良心)が時々動いて、殻(マインドコントロール)を叩くことがあっても、殻を破れないで終わると説明しています。

さらに、被告人が疑問や疑念を持ったという供述の信用性にも疑問があります。

西田鑑定人は、「ハッと思う」「ドキッとしてふっと思う」ということはあっても、疑問や疑念を意識して考えるということはあり得ないと説明し、現在自分のやった行為を反省している被告人が、当時のことを語る時、「それは被告にしてみればあまりに情けないことであり、被害者の方々やその関係者などに対して申し訳ない気持ちがある。そのような心理から、被告は法廷における細やかな心理面の質問や疑問に対して、できるだけ多く答えようとする義務感から無理に言葉にしている点があると思われる」と分析しています。

この点について浅見証人もまた、「振り返って一番反省すべき点を多分、調書の中で意識させられると、ぼんやりしているものも、よく強く意識していたり、非常にはっきり分かっていたかのように思う」という

第6章 オウム事件第一審の弁論　171

状況が起こることを、同様に説明しています。

　被告人が、Gの指示を受けた時、「そりゃ悩みましたよ」とか「疑問を感じましたよ」と供述するのは、今から振り返って「そう思いたい」心情に影響をされている供述だと、弁護人は考えます。

5　第三は、被告人は信徒勧誘を多くやっており、オウム真理教の外部の世間と接触していたという点です。

　このことによって、被告人はオウム真理教以外の情報に接していたのではないかとの疑問は、心理学的に全く誤っています。

　被告人はあくまでオウム真理教の教義を広め、信徒を獲得するために活動しているのであって、物理的には世間と触れていたとしても、心理的には世間を受け入れていません。

　むしろ、信徒勧誘をすることによって被告人が、より一層強くGに帰依していく効果を持っていたことを、西田鑑定人は「自己知覚理論」によって説明しています。

　また、浅見証人も、信徒勧誘はマインドコントロールされた人格を再凍結するのに一番有効な手段であると断言しています。

6　第四に、被告人がGの指示に対して、必ずしも「YES」と言っていないという点です。

　確かに、被告人はGの指示に対してすかしたり、指示どおりに行うことが困難ではないかというニュアンスの返事をしている場面があります。

　しかし、これもマインドコントロールを受けていれば人間はロボットのようになり、「YES」としか答えないという誤った思い込みによるものです。

　マインドコントロールを受けていても、もともと持っているビリーフシステムを失うわけではないが故に、指示を受けた時「嫌だ」と感じることもあり、「無理だ」と思うこともあるのです。

　しかし、マインドコントロールを受けている故に、指示に反する態度をとることはできず、反しない限度でしか反応できないのです。

　真正面から「嫌だ」「無理だ」と言えない被告人の言動は、むしろこのマインドコントロール状態をよく示しています。

7　西田鑑定の言う「マインドコントロール」は、「人間は環境に影響される」という心理学の根本に根ざしているものです。

検察官も論告において西田鑑定を批判していません。

Zに対する判決においても、

「確かに、マインドコントロールと称するかどうかはともかくとして、被告人が西田意見が前提とするような状態に陥っていたとすると、その責任能力に影響を与えることは否めない」(東京地判平成一一年九月三〇日・要旨)と判示し、マインドコントロールというものが人間の心理を拘束し、行動に影響を与えることを認めています。

四　被告人に対する非難可能性の程度

1　被告人が以上のような状況にあったとすると、犯行当時、被告人は、Gから指示されて自分のやる行為が正義(善)に反するという認識はなかったことになります。

犯行当時、被告人は、Gから指示されて自分のやる行為が社会的に違法行為であるということは理解をしています。

しかし、それは自分たちの信じる「真理」から見れば「神々の意思」であり、「善」であると信じていましたし、被害を受ける人々に対しても「被害者のためになることである」とまで信じていました。

刑事責任は、規範に直面しながら敢えてこれを乗り越える人格態度にその基礎を置きます。この規範を「悪をなしてはいけない」ととらえれば、被告人は「規範に直面していなかった」ということになります。

そうすると、被告人に対する非難は、社会的に違法な行為は「善ではない」という人格を形成しなければならなかったのに、これを「善」と考える人格を形成してしまったことに求めることになります。

しかし、前述したように、このような人格はオウム真理教に入信し、修行することによって、被告人の知らないうちに心理を操作されて形成されてしまったものです。被告人自身に人格形成の責任を問うことはできません。

結局、被告人に対する非難は、被告人がオウム真理教のような宗教に入信した点に求めることになります。

しかし、これは無理を強いるものです。

第一に、被告人は、入信時オウム真理教が、人々を殺害するような行為に及ぶとは全く考えていません。

第二に、被告人は、入信当時高校二年生、一六歳という若年です。オ

第6章　オウム事件第一審の弁論　173

ウム真理教の欺瞞性、虚偽性を見抜けなかったとしても仕方ありません。

2　本件においては、被告人に対する非難可能性は、被告人がたとえ「善」と信じていたとしても、その行為が「社会的に違法行為」であるという認識を持っている以上、「社会的に違法な行為をしてはいけない」という規範に直面しながら敢えてこれを乗り越えた人格態度に求められることになります。

　しかし、そのような非難ができるとしても、次の二点が問題になります。

　第一は、被告人が「善をなす」という意識でいるということは、「悪をなす」という意識でいる時よりも、反対動機が形成しにくいということです。

　第二に、「善をなす」という意識でいるのですから、規範を乗り越えるという人格態度の悪性も低いということです。

　ここが、いわゆる暴力団組織に加入していて、暴力団の価値基準で犯行をした者との決定的違いです。

　現代刑法が「規範的責任論」に有責性の根拠を置く以上、この違いは被告人の非難可能性の程度に大きな影響を与えるはずです。

3　すでに裁判所は、Mに対する判決において、

　「G'の説く内容は、倫理性も論理性も欠如し、まともな宗教家の説くところとは程遠いものであるのに、これを鵜呑みにしたことは愚かとしか言いようがない。しかし、被告人の入信と出家の経緯、教団内での活動状況、犯行前に被告人の置かれていた状況に照らせば、被告人がなまじ純粋な気持ちと善意の心をもっていただけに、かえって「真理」や「救済」の美名に惑わされ、視野狭窄に陥って、Gの欺瞞性、虚偽性を見抜けなかったとみることができる。そうすると被告人がIを介してGからサリン散布の実行犯になるよう指示された際に、いわゆる期待可能性がなかったとは言えないものの、被告人の心理としてはこれに抗し難かったというべきである。そしてこの点は、その限度ではあるにせよ、考慮してよい事情である」（東京地判平成一〇年五月二八日）と判示し、Zに対する判決においても、

　「マインドコントロールの点であるが、弁護人の主張をそのまま採用することはできないとしても、G'が、信者、とりわけ被告人らの幹部信者に対し、説法、薬物を利用した修行、神秘体験等を通じ、あるいは、

睡眠時間や食事を制限した極限の生活環境を強いることにより、徐々に尊師であるG'の指示を絶対視し、その指示に疑念を抱くのは、自己の修行が足りないものと思い込ませるなどして、G'の命令に従わざるを得ないような心理状況に追い込んでいったことに照らすと、被告人が、G'やIから、本件各犯行を指示された際に、それに抗することは心理的に困難であったことは、否めない事実である。この事実は、責任能力や期待可能性の存否に影響を与えないとしても、被告人にとって一定限度では酌むことができる」と判示しています。

4　被告人にとってもこの状況は同じであり、社会的規範に従って行動することが、心理的に可能であったのか、可能だとしていかに困難であったかを十分に検討されなければなりません。

この時、被告人の年齢のもつ意味は極めて重要です。

高校二年生、一六歳という年齢では、精神、心理、知能等いずれの面においても未成熟です。社会経験は完全に欠如しています。

このことが、被告人に、

①　Gの欺瞞性、虚偽性を見抜けない、

②　Gの言うことを信じやすい、

③　教団の外に戻る世界を持たない、

ということを決定的にさせていました。

被告人にとっては、M、Zだけでなく、犯罪に関わった共犯者の中で誰よりも、Gの指示に抗することが心理的に困難であったのです。

第三　期待可能性の欠如

Gのマインドコントロールを受けていた被告人らは、Gの指示に反することは、悪業を積むことであり、地獄に落ちると信じていましたし、輪廻転生を信じている被告人らは地獄に落ちることを何よりも恐れていました。

犯罪に関与していない信者であったP証人が、疑念を感じてオウム真理教を離れようとしても、Gを裏切ると地獄に落ちるという恐怖から、またオウム真理教に戻ってしまったと証言していることは、信者に植えつけられたこの恐怖感の強さを示しています。

一方、被告人は、Gの指示に従わなければ、自分自身がGの命令によって「ポア」の名のもとに殺害されてしまうという現実的な恐怖の状況の中にいました。

一　教団の状況

　　検察官は、「被告人がG'らによる犯行指示に従わなかったとしても、生命を奪われるような客観的状況は存在しなかった」(三六七頁)と言います。しかし、次の事情を考えれば、現実的な危険が存在していたことは明らかです。

1　被告人は、一九九四年四月ロシアツアー後のいわゆる恐怖の招集において、Gから、「戦いがはじまったら、ティローパは真っ先に死んでもらう。二番目はラーフラ、三番目はアーナンダだ。お前たちはこれから死んでもらう。抜け駆けはポアだ。アーナンダも例外ではない」と、名指しで裏切れば殺すと言明されています。

　　被告人は、それまで本音ではGに自分はかわいがられていると思っていただけに、体の震えが止まらないほど非常に大きいショックを受けます。

2　Gの言葉が嘘でない現実を、被告人は見聞きしています。

　　Aさんは、目の前で殺されました。

　　aさんをポアしろという命令があったことを知りました。

　　Sさんが殺害されたことを知りました。

　　bさんもポアされたことを知りました。

3　被告人自身、Gの指示で「しっかり瞑想して、一度死ね」と言われ、LSDを飲まされ、現実に生死をさまよう状況を経験しました。

　　被告人はこの経験を経て、Gは自分を死んでも構わないと思っている存在だと思い、現実に「死ぬ」という恐怖を実感しました。

　　検察官は、「G'が被告人に危害を及ぼす意思でLSDを飲ませたとは認められないのであるから、被告人の右弁解もG'に対する恐怖心を殊更誇張する作為的供述にすぎず、信用することはできない」(三八九頁)と言います。

　　しかし、Gの本心がどうであったかはGでなければ分かりませんし、Gの本心がどうであろうと被告人がどう感じたかが問題なのです。

　　前述したとおり、被告人はA事件で動揺しているところをGに注意され、その後に「アーナンダも例外ではない」と名指しで裏切れば殺すと言われていました。その心の動揺を見透かすように、「一度死ね」と言われてLSDを飲むように指示されたのです。

A事件後のこのようなGと被告人の関係を十分に踏まえて、被告人の供述を理解しなければなりません。被告人の供述に嘘はありません。

4　Gは被告人に見せつけるように、裏切り者、敵対する者に対するポアの実行を指示してきました。

　　cさんのポアを指示し、Yさん、kさんにVXをかけることを命じ、スパイの名のもとにdさんにVXをかけさせました。

　　被告人は、このような経験を通じて、自分が裏切れば、今度は自分がしているように、Gに指示を受けた誰かにこのように殺されるという実感を持ちました。

　　この点について、T証人、U証人はGの指示を断ったからといって自分が殺害されるような恐怖はなかった旨証言しています。

　　しかし、これは、オウム真理教の中でどのような活動を命じられ、関わってきたかの違いによるものです。T証人もU証人も科学技術省に所属し、言わば研究者として研究開発に没入することがワークでした。彼らは教団から下向した者を連れ戻したり、殺害したりする活動には一切関わっていません。

　　これに対し、自治省に所属していたR証人、盗聴行為等に関与していたH証人たちは、被告人と同様の恐怖心を抱いていたことをはっきりと証言しています。

　　とりわけ、R証人は、

①　A事件
②　ロシアツアー後の恐怖の招集
③　LSDによるキリストのイニシエーション
④　S事件

に関与して、Gの指示に従っている限りにおいては、自分が殺されたり、制裁を受けることはないという選択を無意識にするようになってしまった状況を詳しく証言しています(六〇回公判)。

二　検察官の指摘に対する反論

1　検察官は、「被告人はG'らによる犯罪の指示に従わないことがあったのに、何の制裁も受けていない」(三六九頁)とし、「被告人がG'からの指示を断ることの許されない絶対的命令だと受けとめていたふしは見当たらない」(三七一頁)と言います。

しかし、検察官が指摘している事実において、被告人がGの指示を明確に拒絶した、断ったというものはありませんし、Gが指示する範囲では指示どおりの活動をしています。Gの気持ちが変わらず再び犯罪の指示があれば従っているのです。

　検察官の指摘する事実は、むしろ被告人が結局はGの指示に逆らえないことを示しています。

2　検察官は、被告人が「本件各犯行に及んだ直接の理由がG'への帰依にあったことを自認している」こと(三七三頁)、被告人が「ポアの恐怖があった、だから本件各犯行に及んだというイコールの関係にあったわけではない旨供述し」ていること(三七四頁)を指摘します。

　しかし、被告人が、

　①　A事件

　②　ロシアツアー後の恐怖の招集

　③　LSDによるキリストのイニシエーション

という流れの中でGの指示に逆らえば「死」があるという恐怖を植えつけられたことは明らかです。

　前述したとおり、VX事件を指示された時期には精神的な混乱の中で「何も考えない、何も考えられない」という状況に心を閉ざしていたのであって、意識にのぼってはポアされるかどうかを考えていなかったというに過ぎません。

　また、「Gへの帰依」と「Gに対する恐怖」が二律背反するわけではありません。

　Gに帰依していればこそ、帰依と心の奥底にある良心とがきしむことに苦しみ、帰依していればこそ、Gに心の動揺が見透かされると信じ「裏切り者としてポアされる」ことを切迫して感じるのです。

　被告人がGに帰依しながら、しかしGにポアされるかも知れないという恐怖を抱いていた様子は、e証人、H証人の証言にもはっきりと表れています。

3　なお、A事件と新宿青酸ガス事件、都庁爆弾事件も状況は変わりません。

　A事件については前述したとおりです。A事件はGが同席している上に、f, I, Jがいる中で行われたものです。被告人がGの指示に逆らえば、Gの命令一下、Gに絶対服従する他の信者によってとり押さえられ、A

さんと同じ目に会うという状況は明らかです。

　B証人は、「Gは絶対者で、ほかの人達は指示があれば兵隊のように従う。人殺しであっても従う」と証言して、その状況の説明をしていますが、この状況は被告人にとっても全く同じでした。

　強制捜査後においても、Gが逮捕されていない段階では状況は同じです。

　被告人自身がそうであったように、この段階でもGの指示に忠実に従う信者は多くいました。

　さらに、Iが刺殺され、被告人自身一瞬「捨てられたのかな」と感じたくらいです。

　完全に逃げ出せる自信がない限り、裏切りはGに殺される危険を持っていました。

三　期待可能性の程度

　仮に、適法行為に出る期待可能性がないとは言えないと評価されるとしても、自分の身に危害が及ぶであろうことを覚悟しなければ、Gの指示を拒否する、サボタージュする、逃げ出す等の行為に出ることはできなかったことは間違いありません。

　その意味で、適法行為に出ることが著しく困難であった事情は、少なくとも量刑において十分に考慮される必要があります。

第三部　情状

　期待可能性があるということになれば、被告人の刑事責任は極めて重大です。

　しかし、最高裁判例の基準に従ったとしても、被告人には斟酌すべき有利な情状があり、死刑は相当ではありません。

　これまで各事件の論述の中で指摘したように、

①　A事件

②　VX事件

③　C事件

④　地下鉄サリン事件

⑤　新宿・都庁事件

のいずれにおいても、被告人は狭義の実行行為をしていません。

行為主義を基本とする現代刑法においては、まずこの点が重視されなければなりません。

そして何よりも重要視すべき事情は、これまで述べてきたとおり、被告人がオウム真理教という極めて特殊なカルトの中にいたということです。

第一に、被告人はＧにマインドコントロールを受けており、本来の良心に従って行動することが著しく困難な心理拘束を強く受けていたということです。

第二に、Ｇの指示に逆らえば、裏切り者として殺される可能性を覚悟しなければならない状況の下であったということです。

その余にも、被告人には斟酌すべき有利な情状は多くあります。

第一　有利な情状

一　精神的未熟さ

被告人は、犯行当時二四〜二五歳の青年でした。しかし、その実質的年齢は一六歳の高校生でした。

そして、現在もなお、一六歳の未熟な若者のままです。

1　被告人は、既に述べてきたとおり、中学生の時に宗教にひかれ、一六歳、高校二年生でオウム真理教に入信しました。その時点で被告人は全く社会的経験を持っていません。

オウム真理教に入信した以降は、閉鎖された社会の中で、一般社会と絶縁し、Ｇの説く教義のみに接して独自の修行に明け暮れました。

その結果、本来であれば人間として成長すべき貴重な時期に、普通の世の中で生きていく社会的な常識、価値観、考え方、社会の中で生きていく人間の喜怒哀楽を知ることも、感じることも、学ぶこともなく過ぎてしまいました。

西田鑑定人は、「一般社会との接点を通じて経験され、身に付けていく常識の力、現実感覚の影響力というのは、心理学的に個人の人間発達に重要な要素である」と指摘しています。

被告人は、その点非常に乏しい環境に一六歳からいたのです。オウム真理教の中にいた期間、被告人の社会的な人間としての成長は停止しています。

2　被害者の遺族の一人は、

「高校生のころにさぁ、御立派なことを考えてたよね。私も同じ高校生だったときに、あんなこと考えてなかったよ。すごいよね。

　自由がなくて、荒涼とした世界で、抑制が効かなくて、荒廃して、人類は愛がなくなるって、それはあんただろうって。うち、あったんだよ。普通のうちなんだよ。理想なんかなくたってね、幸せに生きてたの」
とその心情を被告人にぶつけています。

　正に、被告人の犯罪の原点は、中学三年生の時に書かれた「願望」にあらわれている心情にあります。

　この心情そのものは、青年期に誰もが持つ現実批判、大人社会に対する反抗であって、理解できないものではありません。問題は、その心情が、オウム真理教というカルトの中で、そのまま温存され、増長されて、二五歳になってしまったということです。

3　被告人の幼稚さは、弁護人からの被告人に対する質問において、

①　自分はそれなりに成長していることを示そうとして、背のびする姿勢、

②　自分がいいと思って読んだ本を無批判に受け入れて、受け売りで供述しようとする態度、

など、公判廷における被告人の様子が何よりも多く物語っています。

　西田鑑定人が「浦島太郎状態」と指摘されているように、被告人がGの呪縛から解かれたとしても、戻るところはオウム真理教に入信する前の自分であり、それは被告人にとって一六歳の高校生でしかないのです。

4　被告人の社会的な人間としての成長が停止してしまっていたとすれば、被告人の犯罪は、実質的には「少年犯罪」です。

　従って、形式的年齢から刑事手続において処断されるとしても、実質的に少年法の規定は十分に斟酌される必要があります。

　少年事件においては調査官の調査結果が重要です。

　少年法九条は、「調査は、なるべく、少年、保護者又は関係人の行状、経歴、素質、環境等について、医学、心理学、教育学、社会学その他の専門的智識(中略)を活用して、これを行うように努めなければならない」と規定しています。この意味からも、本件では、西田鑑定、浅見証言が重要です。その内容は、被告人に対する判断において最大限に尊重されなければなりません。

　また少年法五一条は、「罪を犯すとき一八歳に満たない者に対しては、

死刑をもって処断すべきときは、無期刑を科」すと規定しています。

　これは、未成熟な者は、環境さえ与え直してやれば社会的に有用な人間として更生することが可能であり、その芽をつむべきではないとの思想によるものです。

　被告人に対しても、その趣旨は尊重されるべきです。

二　反省

　被告人は自分のやったことを真摯に反省悔悟し、心から被害者にお詫びの気持ちを持っています。

1　被告人が現在Gの教えの誤りに気付き、G教から脱会していることは西田鑑定からも明らかです。

　しかし、約一〇年Gをグルとして崇め、ひたすらGの教えを絶対唯一のものとして信じてきた被告人が、Gを否定することは容易ではありませんでした。

㈠　逮捕当初、被告人は当然のように黙秘していました。

　ところが、捜査官から被害者の悲惨な状況を聞き知ることにより、「本当に自分たちのやったことは正しいことなのだろうか」という心の動揺を起こします。しかし、今まで信じてきたものを簡単に否定することはできず、「心は完全に分裂してしまった」状態で苦悶します。

　その中で、被告人は、今まで信じてきたGの教えの正当性を確認するかのように仏教や密教の本を読みます。その結果、皮肉にも、Gの教えが正当な仏教や密教の教えと違うものであったことに気付かされていきました。

㈡　それでもGの教えを完全に否定しきることはできない状態をひきずります。そんな状況の中で捜査官から、Gが地下鉄サリン事件について、何一つ正当性を語らず、「弟子が勝手にやった」と供述していることを知らされます。

　被告人は、自分たちのやったことの正当性の根拠として信じてきたグルであるGの態度に疑問と怒りを持ち、今まで捜査官に明らかになっていなかったいわゆる「リムジン車中の会話」を捜査官に供述をしました。これは、被告人の心の中の分裂状態が、ようやく一つのきっかけを与えられて堰を切ったように噴出したエポックでした。

㈢　その後、被告人は、Gの教えの誤りについての理解を進め、脱会を

考えるようになります。

　ところが、Gに捕まえられて首を絞められる悪夢に苦しめられます。症状は激しく、二度警察病院に運ばれ、翌年五月までの間、鎮静剤と精神安定剤を飲み続けていました。そうして逮捕後七ヵ月余、被告人の二六歳の誕生日をむかえて脱会届の提出に至ったのです。

㈣　この間の被告人のGに対する心情の変化は、何よりもこの間にずっと作成し続けられてきた検察官調書に非常に鮮明に表れています。

　①　自分のやったことは供述しても、Gのことは供述しなかった時期

　②　Gのことをかばって供述したり、一部だけ供述している時期

　③　捜査官の知らないGの言動を供述している時期

　など、被告人の心がGの呪縛から解かれるのが「徐々に、徐々に」であることがよくわかります。

㈤　東京拘置所に移監された後も、当初はGが近くにいるというだけで、「Gの声が聞こえる」という訴えを弁護人にしています。

　被告人は、Gの前で証言するというプレッシャーに対するお守りを持つかのように、チベット密教の原書の翻訳にとりかかります。被告人は、「正統」チベット密教を心の支えにして、ようやっとGの前でその呪縛に負けず、真実を話すことができるに至ったのです。

　被告人は、少なくともこのような精神的、肉体的な苦痛を自力で乗り越えてきたのです。

2　被告人は被告人なりに、自分の過ちに気付いた反省を行動として表してきました。

㈠　被告人は、Gの教えが正統な仏教や密教とは違うものであり、ヴァジラヤーナでは人間を救うことにはならないと気付いた時、それに気付かず未だGを信じている信者が自分と同じ過ちを繰り返す危険を捜査官から聞かされ、「同じ過ちを繰り返させてはいけない」という思いから、勾留理由開示公判を利用して、「今、ヴァジラヤーナを実行することは救済にならない」(弁一三)と訴え、Gを否定しました。

　これは、オウム真理教の幹部としてはじめて明確にGを間違っていると表明したものでした。この訴えは、逃亡している信者やなおオウム真理教にとどまっている信者に大きな影響を与えました。

　g証人は、被告人の意見を聞いて「出頭しようかなと思った。過去を清算するようにという話だったのが悩んだ。最終的には全部話し

た」と証言しています。

㈡　被告人は、肉体的な変調を乗り越えて脱会届を提出した時、「サマ
ナ、信者に対するメッセージ」(弁一四)を公表しました。

　　これは、グルと合一するという修行が「良心や常識をグルの意思と
いう名において破壊し続けた」ということに気付いた被告人が、他の
信者、とりわけ自分が入信へ導いてしまった信者に対して、お詫びの
気持ちを込めて、「早く気付いてほしい」と願ってしたものです。

㈢　被告人は、捜査段階から事実の解明に協力してきました。

　　脱会届の提出で、精神的に一区切りをつけることができた以降は、
オウム真理教の教義、イニシエーション、CHSの活動、教団武装化
の状況などを積極的に捜査官に供述をしています。その内容は、いわ
ゆる「総括調書」として、検察官調書五通(乙A一八～二二)にまとめ
られました。

㈣　特に重要なことは、被告人がはじめて、地下鉄サリン事件に関して
いわゆるリムジン車中の会話の内容を具体的に明らかにしたことです
(乙A一七)。

　　リムジン車中の会話内容を明らかにすることは、被告人の情状を決
定的に悪くする内容を含んでいました。弁護人は、捜査段階では供述
しないことを勧めました。しかし、被告人は弁護人のアドバイスをふ
り切り供述したのです。被告人はたとえ自分の情状を悪くする結果に
なっても、地下鉄サリン事件の真実を明らかにすることが自分の責任
と考えたのです。

　　被告人がリムジン車中の会話を捜査官に供述した行為は、二点にお
いて極めて重要な情状です。

　　第一に、この供述は「自首」(刑法四二条)に該当すると考えます。

　　被告人の供述があるまで、地下鉄サリン事件に関してリムジン車中
の具体的な会話内容は捜査機関に発覚していませんでした。

　　しかし、被告人が供述したことにより、検察官は地下鉄サリン事件
の冒頭陳述を変更までしました。それほど重要な事実でした。

　　被告人自身に対しては、共謀の内容を

①　三月一八日朝、Iから指示された、という内容から、

②　三月一八日未明、リムジン車中でG、I、hとの間で共謀した、
という内容に、変更されるという圧倒的に不利な事態を招きました。

被告人の供述が被告人に対する刑事責任を大幅に変えたという意味において、少なくとも「自首」に準じる斟酌がなされるのが相当です。

　第二に、被告人が自分に対する刑事責任を少しでも軽くしようとしているという検察官の主張が誤っていることです。

　被告人が自分に対する刑事責任を少しでも軽くしようとしているなら、リムジン車中の具体的な会話は絶対に供述しなかったはずです。

　ましてや、被告人が初めに「サリン」を持ち出したことは、絶対に隠し通したはずです。

　被告人は、自分の知っている事実を隠さずに明らかにするという姿勢をとり続けてきたのです。

㈤　共犯者の公判がはじまってからは、検察官の要請があれば、自分の関与した事件について知っている限りのことを証言し続けてきました。拒否したことは一度もありません。

　ここでも被告人は、自分の裁判で供述するより先に、他の公判で証言することは不利だという弁護人のアドバイスをふり切りました。

　証言の回数は九〇回余にもなりました。

　検察官側証人として証言をするということは、検察官との証人テストに時間をとられるということでもありました。証人テストの時間は、証人時間の何倍にもなります。被告人は自分の公判の準備を抱えても、検察官の証人テストを拒みはしませんでした。

　証言の日程はたて込み、昨日は検察官側証人として尋問を受け、今日は被告人自身の公判で同じ検察官と対立するという厳しい状況を、被告人はずっと耐えてきたのです。

　このような被告人の態度についても、検察官は、「大半の共犯者が他の共犯者の公判で証言していることは公知の事実であるから、被告人に特に有利に斟酌すべき事情とはいえない」(四八四頁)と言います。

　しかし、当公判廷における証人尋問からも明らかなとおり、G、iをはじめ数多くの共犯者が知っている事実の証言を拒み、真実の発見の障害になっています。

　被告人の態度は、「知っていることは話さなければ」という姿勢で一貫したものです。

　今年一月一三日には、厳しい論告求刑を受けた後でも検察官側証人として淡々と証言を続けました。

また検察官は、「教団による各種犯行の実体解明に被告人が積極的に貢献したとは到底いえ」ない(四八四頁)と言います。

　しかし、前述したとおり、地下鉄サリン事件における「リムジン車中の会話」内容は、被告人によりはじめて解明できたといって過言ではありませんし、現時点でこの点について共犯者の公判で証言をしているのは被告人だけです。

　検察官から提出されたＳ公判及びｅ公判における被告人の証言調書からも明らかなとおり、被告人は具体的な犯罪事実以外に、オウム真理教のヴァジラヤーナの実践を立証趣旨とした検察側の証人としてまで使われています。

　これは、検察官が被告人の証言をオウム真理教教団の全体像を解明することに有用であると考えている証拠です。

　Ｍに対する判決には、「被告人の供述状況を見ると、(中略)捜査、公判を通じ、一貫して、被告人の関与した犯罪のみならず、教団の行った他の犯罪、教団の組織形態、活動内容等に関し、自己の知る限りを詳細に供述し、教団の行った犯罪の解明に多大の貢献をしている」ことが、有利な情状として指摘してあります。

　この情状は被告人にも全く同様に当てはまるものです。

3　被告人は、Ｇの教えの誤りに気付いただけではありません。

　被告人なりに精一杯反省を深めようとしています。

㈠　被告人は、自分なりに真剣に、必死に、被害者に対して「ごめんなさい」という気持ちを持っていますし、表しています。

　被告人は、「書いていいんだろうか」と戸惑いながらも、被害者の方々の供述調書に「なんでこんなことをしたのか」という問いかけがあり、「それに答えなければいけない」という思いから、被害者の一人一人に宛ててお詫びの手紙を書いています。

　検察官は、「一片の謝罪文を送付したところでさほど意味があるとは認め難い」(四八四頁)と言います。

　しかし、「一片」の謝罪文になってしまったのは、検察官が接見禁止を請求したためです。

　むしろ、被害者証人の中には、被告人の手紙を読んでみたいと証言される人もあります。

　被告人の反省への努力が無意味ということでは決してありません。

また検察官は、「被告人自身が認めているとおり、被害者らへの謝罪文の送付には自己の刑事責任を軽減しようとする打算が強くうかがわれ、多くを斟酌するに値しない」(四八四頁)と言います。

　確かに被告人は「自分のために書いたのではないか」という弁護人の質問に対して、「自分の欲望」という言葉を使っています。

　しかし、その意味は、「自分が犯した罪に対する恐怖、あるいは自分が行った罪に対する何とも言えない負担に対して、自分の心の中で、自分はここまでやりましたよというか、(中略)自分を納得させようとしているというか、そういう欲望」(六三回公判)です。

　これは、被告人が謝罪文を書いた自分の気持ちの中に、「お詫びしたい」という気持ちだけではないものがあるということを、見つめ、認め、赤裸々に供述していることを示しています。

　検察官の言う「打算」とは全く違うものです。検察官は被告人の供述を曲解しています。

　ところで、第一回公判では、「事実を明らかにすることが償いになる」と考えていた被告人ですが、その後の被害者の遺族の証言を聞いて、「償いなんかできない」ということを思い知ります。

　今、被告人は証言を聞いて泣き、改めて償いのしようのない罪の大きさ、重さを真摯に受け止めようとしています。

(二) 被告人は、Gの教えのどこに誤りがあったのかを分析しています。

　第一に、オウム真理教のように、本質と現実を切り離して考えるのは間違っていて、本質と現実は本来同一であり、つながっていること、

　第二に、オウム真理教のように、社会性から離れた集団の中において修行しても意味はなく、社会性に根ざしたところに修行の意味があること、

　第三に、オウム真理教のように、自分たちは善で他は悪と決めつけるから自分たちの教え以外のものは破壊してもいいんだということに陥るので、相手に立脚した形において自分を捧げていくのが本来の宗教であること、

を未熟ながらも勉強しました。

　そして、これらの間違いに気付かなかった根本は、「真理というものを特別扱いにして自分を傲慢にしていったこと」にあると思い至っています。

第6章　オウム事件第一審の弁論　**187**

㈢　その上で、Gの教えを受け入れ、酔いしれてしまった自分自身の問題点を、自分なりに考えています。

　第一に、自分には霊的な能力があるんだというプライド、思い上がりが強かったこと、

　第二に、苦しみを受けとめて考えないで、苦しみから逃げていたこと、

　第三に、自分を反省しようとしないで、他者にばかり目を向けるという謙虚さがなかったこと、

　第四に、早く知りたい、早く答えを出したいという焦りが強かったこと、

を、被告人は掲げています。

　そして、この性格がオウム真理教の中で、増長したことを認めています。

　これらの内省はまだまだ不十分ですが、被告人が自分を見つめ直す緒についていることは確かです。

㈣　さらに被告人は、オウム真理教の中にいた当時「菩提心に基づいて一生懸命に修行していた」と思っていた自分が、「本当は間違っていたのではないか」という反省もしています。

　第一に、真理というものを盾にして、自分の虚栄心や欲求を満たしていただけではなかったのか、

　第二に、他者のためといいながら、他者のことなど考えていなかったのではないか、

　第三に、人類の救済といいながら、自分の解脱したいという我欲にとりつかれていただけではないのか、

　第四に、自分は神と通じているんだとうぬぼれていたのではないか、

　第五に、自分を犠牲にしているといいながら、ぎりぎりのところでは逃げていたのではなかったか、

　第六に、修行といいながら、ワークに没入して自分をごまかしていただけはないか、

と自問自答しています。

　「修行は一所懸命にやっていた」と一貫していっていた被告人が、修行している時の自分の心の中を考えるに至ってきたのは、それだけまじめに反省していることを示しています。

㈤　以上のような反省を踏まえて、被告人は今後、自分がどうしなければいけないかについても考えはじめています。

　　第一に、あえて自分の興味を持たない本、分野、そういったものを読み、考えていくこと、

　　第二に、物事を自分でゆっくり考えること、

　　第三に、悩み続けること、考え続けること、と被告人は言いました。

　　被告人は、正しい方向で、自分に何が必要なのかを感じはじめています。

4　被害者の遺族証人の一人は、被告人が他の公判で証言している様子、及び被告人自身の公判の供述を傍聴した上で、被告人に対して、

　「被告人の気持ちが伝わっていない。被告人にはこれだけのことをやった以上、死ぬしかないという姿勢がない、被告人こそ現実を直視していない」等と述べ、「真摯に反省しているとは思えない」と証言されました。

　　確かに、被告人の反省悔悟は客観的に見てまだまだ不十分です。

　　しかし、不十分であることの最大の原因は、被告人が未成熟であるということにあると考えます。

　　前述のとおり、被告人は精神的には未だ一六歳、高校生の状態に留まっています。

　　被害者証人の心情は十分に理解できますが、詰まるところ

　「死の覚悟ができていない」

　「自分のやったことを清算できていない」

ということだと思います。

　　しかし、人間として「高校生」でしかない被告人に対し、

　「死の覚悟をしろ」

　「自分の誤った人生を清算しろ」

というのは、心情はともかく、無理であり、酷ではないでしょうか。

　　証人が被告人と比較して示されたのは、Mの言葉でした。

　　しかし、Mは、出家時四三歳です。出家前には結婚し子供ももうけ、医師として仕事もしていました。Gの呪縛が解けた時、Mの戻ることのできた家庭を持ち、仕事を持った四三歳の社会人と、被告人の戻ることのできた一六歳の高校生とは、あまりにもかけ離れています。「Mの言えたことが被告人になぜ言えないのか」という問いは、酷だと思いま

す。

　また、

「自分の言葉で語っていない」

というのも、高校生には厳しすぎるのではないでしょうか。高校生だけ
ではなく、大学生にしても、物事を学ぶには書物を読み、先人の言葉を
知り、その言葉をかりて考えはじめるという経過をたどるものです。

　借りものの言葉にしろ、その言葉を吸収してきたということを評価し
てもいいのではないでしょうか。

　むしろ、被告人に対しては、一人でよくここまで来られたと評価して
やっていいのではないでしょうか。

三　被告人の現状

　1　西田鑑定人は、被告人について、「G教から脱会できたにすぎない。
　　Gの権威の代わりにほかの宗教を自分で持っている。被告人は自分を菩
　　薩の修行をしている僧侶なんだという認識である」と分析をして、未だ
　　マインドコントロールから脱しきれていないと証言しました。

　　　浅見証人もその点全く同じ認識であることを証言しています。

　　　そして、なぜ、被告人がマインドコントロールを脱して、素の自分自
　　身を取り戻せないのかについて、浅見証人は、

　　　第一に、被告人はもともと修行に執着する傾向を持っていること、

　　　第二に、被告人には社会経験がなく、戻る場所である一般社会につい
　　ての常識が乏しすぎること、

　　を指摘しています。

　　　結局、被告人の反省が被害者に伝わるレベルに達しないのは、被告人
　　の反省が不十分であるのではなく、被告人が未だマインドコントロール
　　から完全に脱しきっていないことにあるのです。

　　　被告人は、「修行者として」被害者の苦しみを感じとり、引き受けよ
　　うと念じているようです。しかし、このことが、皮肉にも、被害者にし
　　てみれば被告人の「人間として」の素朴な感情が見えないことになって
　　いるのです。

　2　西田鑑定人及び浅見証人の被告人の現状についてのこのような分析
　　は、非常に重要な二つの事実を示しています。

　　　第一は、Gを否定することができている被告人でさえ、カルトの中で

変容させられたビリーフシステムは容易に素に戻ることがない、ということです。

　マインドコントロールの真の怖さがここにあります。

　第二は、被告人は反省を深め、素の自分自身を取り戻すことのできる環境に置かれていないということです。

　西田鑑定人も浅見証人も、一般社会から隔絶された世界で、カウンセリングなしの独力でマインドコントロールを脱するのは不可能であると言われます。

　独学すると言っても本を読むしかない状態では、頭でっかちになる以外になく、文章でリアリティーを作り上げる作業はどんどんと現実から離れていくことになります。

　カルトのマインドコントロールから脱しさせるためには、専門のカウンセリングを行いながら、いろいろな人と交流させ、本人の欲しない情報を含めて多種多様な情報に接しさせ、「広い世間」と触れ合わせることが不可欠です。

　しかし、検察官は、接見禁止を請求し、今なお解除に反対し続けています。検察官は、被告人の反省が十分でないと主張しますが、十分な反省ができない、素の自分自身が取り戻せない環境に被告人を置いているのは検察官自身なのです。

　反省を深められない環境下に置いておいて、反省が深まっていないという資格はありません。

3　その被告人も、西田鑑定人、浅見証人、そして多くの被害者の方々の証言を聞いて、変化を見せはじめています。

　「修行者であって人間ではない」という指摘は、被告人に大きなショックを与えたことは確かです。「眠れない日が続いた」と言います。

　第七五回公判において、被告人は、

　「人間として考えていなかった」

　「命を投げ出していなかった」

と供述しました。

　被告人は、素の人間としての自分自身を取り戻すスタートラインには着いているのです。

　被告人の現状を見るとき、弁護人は、被告人を試験観察（少年法二五条）にし、カウンセリングによって素の自分自身を取り戻すことができたと

第6章　オウム事件第一審の弁論　**191**

ころで、被告人に対して判決を言い渡すことができればとさえ思います。

四　証人日当の寄付

　被告人は「何か自分にできることは」と模索し、証人日当を貯めて、サリン事件共助基金に寄付しました。

　金額は五〇万円余と極めて少額にすぎませんが、身体拘束中の被告人が現在でき得る唯一の方法として、一度も出廷を拒否することなくつくったものです。

五　両親の贖罪

　幼い被告人が、

母には甘えられない苦しみと、

父には近寄り難い苦しみを

心の中にずっと秘めていたことを、両親は裁判となって知りました。

　父も母も、被告人をオウム真理教にいかせてしまったのは、自分たちのせいであると、今、自分自身を責め続けています。

　両親とも、自分自身の反省も含め、被害者の方々へ親として出来る限りの贖罪をしようとしています。

　親としてお詫びをしないとすまないという思いで、被害者の方に対してお詫びの手紙を書きました。

　被害者の中には、この手紙を読んで、両親の思いに理解を示して下さった方々もいます。

　そして、苦しい事情の中から金三〇〇万円を工面し、サリン事件共助基金に寄付しました。

　贖罪と呼ぶには、全く不十分な金額ですが、両親の精一杯の誠意です。

六　前科

　被告人には、前科前歴は全くありません。

　検察官は、被告人に前科前歴がないことは、「被告人が大学入学後間もなくして出家し、一般社会を隔絶された生活を送ってきたことからすればむしろ当然」であるとして、「被告人に有利な情状として特段考慮する要はない」(四八五頁)と言います。

　しかし、検察官の指摘は逆に、被告人がそれだけ若くして一般社会と隔

絶され、社会のルール、法規範というものの本当の意味を学ぶ機会を奪われていたことを示しています。

被告人は、オウム真理教に入る前は、犬が保健所で殺されることに悲しみと憤りを感じる、心の優しい少年でした。

七　動機

被告人の犯行に利己的な動機は全くありません。

検察官は、「教団内での権威ないし権力への強い志向と執着から、ステージの昇進を渇望し、これが被告人を犯行に駆り立てる重要な原動力になっている」（四六四頁）、

「G'への盲目的な信仰心はなく、むしろ教団内における地位の昇進と権力の獲得という浅ましい欲望が看取できる」（四七四頁）、

「被告人の犯行動機の根源には、純粋な宗教的解脱・悟りよりも、教団内での地位の昇進を目指した欲望や、名誉や権力を欲する世俗的な欲望があったというのが実体である」（四八三頁）、

と指摘し、「教団内での自己の地位を昇進させることが一連の犯行に関与する動機の一つとなっており、動機に情状酌量の余地は全くない」（四六二頁）と言います。

しかし、この主張は誤っています。

弁護人も、被告人に「積極的かつ主体的に犯行に取り組み、知謀の限りを尽くして犯行目的を達成するために最大限の努力を傾注して、G'の期待にこたえていた」（四六三頁）という状況があったことは否定しません。しかし、被告人がそのようにしてまでGの指示を実践しようとしたのは、ひとえにそれが人類救済のための善行であると信じていたためです。

確かに、被告人は解脱悟りを得たいと強く願っていましたし、Gの指示に従う時、そういう欲がなかったわけではありません。しかし、それも、いい生活をしたいとか、金を儲けたいとかというものではありません。解脱悟りを得て、人類のために役立ちたいという思いです。結果は歪んでいますが、それそのものは純粋な心情です。

その意味で、「被告人には高いステージへ昇進することへの願望、執着が人一倍強」かったこともないわけではありません。しかし、それもステージが解脱悟りへの修行の進度バロメーターとして示されていたからに他なりません 。

第6章　オウム事件第一審の弁論　193

検察官自身、「G'はそのような信者の心理に乗じて、『ヴァジラヤーナの教義』を実践することが高いステージに昇進するための最も高度な修行であると位置付けて、教義の実践と称して信者に各種違法行為を行わせ、(中略)教団を犯罪者組織として鍛え上げていた」(四六三頁)と指摘しています。

　被告人ら信者にとっては、修行が進むことによりステージが昇進するということに意味があるのです。

　また、ステージの昇進を望んでいたから、教団内での権力獲得をしようとしていたというのも間違っています。

　ステージが上がったからといって、世俗的な意味で教団内での権力獲得ができるわけではありません。ステージが上がれば、尊師として帰依するGにより近づくことができます。人類救済のためのより重要な「ヴァジラヤーナの実践」の手伝いができます。

　被告人ら信者にとっては、ステージの昇進は人類救済のためにより大事な実践をすることができるという喜びだったのです。

　社会的に認知されている組織においても、一所懸命に仕事をすれば役職が上がり、給料が増え、部下に対して権力を持つようになります。検察官の論理は、それを「高い給料と強い権力欲しさのために仕事をしているにすぎない」と決めつけているに等しいものです。

　さらに、検察官は「名誉や権力を欲する世俗的な欲求があった」と言います。

　確かに、被告人自身、前述したとおり「菩提心に基づいて一生懸命に修行していたと思っていたが、本当は真理というものを盾にして、自分の虚栄心や欲求を満たしていただけではなかったのか」という反省をしています。

　しかし、これは被告人が反省を深める中で「本当に菩提心に基づくきれいな気持ちだけだったのだろうか」と内省し、自分の心の汚れの存在を、率直に見つめているものです。

　むしろ、被告人はそこまで反省を深めているというべきです。

八　行為

　1　前述したとおり、Yさんに対するVX事件の時、被告人は実行を命じられ、VXの入った注射器をポケットに入れて、Yさんに近づきながら、実行できずに終わります。

被告人の行為は、殺人の中止犯(刑法四三条但書)に該当するものです。

このことは、被告人の刑事責任を考える上で、極めて重要な要素です。

被告人は、「Yさんの目を見て、何もできなくなった」と供述しています。

これは、浅見証人の言葉を借りれば、マインドコントロール状態にあっても、たまごの黄身である本来の良心が無意識下に殻をつついた状態だったと考えられます。

被告人の本来の良心が殺人の実行に抵抗したのです。

逆に言えば、被告人の本性は、殺人の実行ができないのです。

2　被告人は、VX事件についても、Cさんの拉致事件についても、地下鉄サリン事件についても、いわゆる狭義の実行行為は行っていません。

検察官は、被告人は実行を指揮する地位にいたと評価しますが、間違っています。

A事件後のGの被告人に対する指示は、Gが被告人に「殺人の実行」という壁を乗り越えさせようとし続けた過程というべきものです。

ところが、被告人の意識しないところで、被告人の本性はこれに抵抗し続けたのです。

その結果、被告人は狭義の実行行為以外のところで、犯罪行為をし続けることになったというべきです。

3　行為責任を基本とする現代刑法において、被告人が狭義の実行行為をしていないということは重要です。

検察官も、地下鉄サリン事件の共犯者の論告求刑において、実行犯と運転手とには明確な区別をしています。

被告人には狭義の殺人実行行為は「できなかった」と言わなければなりません。

第二　検察官の意見に対する反論

一　死刑の違憲性

検察官は、被告人に対し死刑を求刑しましたが、死刑は憲法三六条の残虐な刑罰に該当し、憲法に違反するものです。

今日、多数の国家において死刑は廃止されています。一九九九年一月の時点で、事実上廃止した国も含めると一〇五カ国が死刑廃止国になってい

ます。

　国連総会は、一九八九年一二月一五日に「死刑廃止条約(死刑の廃止をめ
ざす市民的および政治的権利に関する国際規約第二選択議定書)」を採択し、
一九九九年第五五回会期国連人権委員会は、改めて死刑廃止が人間の尊厳
を広め、人権の段階的な発展に関与するとして、締結国全てに対し、その
批准を呼びかける議決をしました。

　最近の状況としては、死刑存置国のロシアで、エリツィン大統領が全て
の死刑制度をやめ、現在死刑宣告されている者の刑を長期刑にする大統領
命令にサインすること、死刑存置国のアメリカで、ネブラスカ州議会が死
刑の執行停止法を可決したこと、イリノイ州でも同様の動きがあることが
伝えられています。

　一九九八年七月に採択された、ジェノサイド、人道に対する罪、戦争や
侵略を裁く国際刑事裁判所の設立条約では、同裁判所での最高刑は無期刑
とされています。

　これら国際的な動きは、死刑制度が人間の尊厳と対立する残酷で異常な
刑罰であることを、人類が共通に認識していることを示しています。

二　死刑選択の基準

　検察官は永山判決の判示を引用した上で、永山判決以後の一連の判決
について「いわば犯罪行為とその結果又はそれと直接関連する量刑要素が
極めて悪質な場合、他にその刑を減軽すべき特段の事由が認められない以
上、死刑を適用しているという点で共通している」とし、「永山判決の示
した一般的基準が、その内容において、(中略)死刑を選択するに当たり、
犯罪のもたらした結果や影響を含め、犯罪行為自体の客観的な悪質性に主
眼を置くべきであるという形で敷えん・明確化され、裁判上の指針として
定着している」(四七八頁)と述べています。しかし、永山判決の摘示の中
には、「犯人の年齢、前科、犯行後の情状」が明記されており、「各般の情
状を併せ考察したとき」とされており、「犯罪行為とその結果又はそれと
関連する」情状との間に軽重はありません。

　検察官自身、Mに対する論告においては、「犯行後の情状」を最重要の
要素として指摘しています。

　最高裁判例の趣旨は、「死刑はやむを得ない場合にのみ科することが許
される究極の刑罰である」という点にこそあります。

そのためには、真にやむを得ないかどうかについて慎重の上にも慎重を期さなければならず、あらゆる情状があらゆる観点から斟酌されなければなりません。

三　検察官の指摘する情状
　1　検察官は、被告人が事実に関与したことは認めつつも、公訴事実の一部を争っていることをとりあげ、被告人が「自己が主導的かつ積極的な役割を果たしたことを否認し(中略)自己の責任を矮小化しようともくろんでいる」、「弁明に終始し(中略)最高幹部の一人であることに目を閉ざして」いるとして、「真の反省悔悟の情とは程遠い」(四七五頁)と指摘します。

　　しかし、これは暴論です。

　　公訴事実や冒頭陳述はあくまでも検察官の主張であって、それに誤りがあれば争うのは当然です。

　　検察官の主張は、検察官の主張は全て正しく、これに盾つくのは許されないというに等しく、刑事裁判制度の否定であり、憲法違反の主張です。

　　また前述したとおり、被告人が捜査段階においてリムジン車中の会話を明らかにし、被告人が初めに「サリン」と言い出したことを自主的に供述している事実は、検察官の主張が誤りであることを何よりも示しています。

　2　検察官は、「被害感情が峻烈である」ことを強調します。

　　確かに、被告人の関与した一連の事件の被害者の方々の心情は察して余りあります。しかし、検察官が客観的証拠の積み上げを怠り、被害感情に依存した主張をするのは疑問です。

　㈠　被害感情を量刑においてことさらに重視するのは、誤りであると思います。

　　　第一に、被害感情は極めて主観的なものであり、判断の基準とするには自ずと限界があります。

　　　第二に、言うまでもなく、現代刑法の刑罰は単純な応報ではありません。

　㈡　被害者証言の中で、共犯者のうち特に被告人について、特別の被害感情を示したことはありません。

事件に関与した以上、役割のいかんを問わず、全員に極刑というものです。

㈢　被告人の役割については、新聞等のマスコミを通じて、漠然と「現場指揮者」との理解が前提になっています。被告人のやったことを十分に知っての意見ではありません。

㈣　被害感情の立証について、検察官は被害者証人に対してきちんとした情報を知らせていません。

証人の多くが、被告人の謝罪がこれまで伝えられなかったことを証言しています。

しかし、接見禁止を請求し、被告人の謝罪が被害者に届かないようにしたのは検察官です。検察官は、証人テスト等の際に、その旨、証人の誤解を解いておくべきです。

検察官は、適正な情報を知らせず、誤解を是正しないでおいて言わば証人の被害感情をあおっているとしか言えません。

被害感情の厳しさの幾分かは、このようにして検察官によって操作されているのです。

㈤　そのような状況の中においても、

①　死刑を望まない方がいること、

②　被告人が自分の公判及び共犯者の公判において、事実を供述している姿勢を、評価している方がいること、

は重要です。

被害感情も、全ての人が極刑を求めるものでは決してありません。

3　検察官は、被告人について「G'から『ヴァジラヤーナの教義』を実践する実行部隊の統率者として絶対的な信頼を受けていた」「被告人は教団の違法活動を実践する最高幹部であった」（四六九頁）と指摘し、被告人を「G'の側近中の側近」（四七一頁）と言います。

そして検察官は、「被告人の弁解は、被告人が自己の教団内での立場と実力を矮小化しようとするものであって、到底信用できるものではない」（四七〇頁）と決めつけます。

しかし、教団内において、被告人が力を持っていたというのは誤りです。

第一に、被告人のステージは、地下鉄サリン事件の直前である三月一七日の尊師通達まで、愛師長でした。オウム真理教の中では、ステー

ジが絶対的な上下関係を決めていたと信者証人の全てが証言しています。

被告人は、正悟師になれない師であり、その師の中でも菩師に比べて地位の低い愛師でした。

第二に、被告人は省庁制において諜報省の長官というポストに就いていますが、諜報省は、省庁制の中では部下も少なく、劣位に置かれていました。被告人は、「左遷させられたと思った」と供述しているほどです。

検察官は、Hの証言を根拠にしていますが、H証人が言っているのは、被告人が「修行者として優れていた」ということであって、Gの側近として権力を持っていたということではありません。

むしろH証人は、被告人がGから叱られ、怖れていた状況をはっきりと証言しています(六〇回公判)。

また検察官は、「G'は(中略)被告人を巧妙に利用していたという相互の利用関係が認められる」(四七四頁)と指摘します。

しかし、「相互」の利用関係というのは明らかに誤っています。

第一に、被告人は、Gに便利屋的に使われています。被告人は高校生で入信して、Gに帰依してきました。被告人は、Gに使われることが嬉しかったはずです。その被告人の純粋さと持ち前の行動力、積極性をGは巧みに利用したと言うべきです。

Gが被告人を便利屋として様々に利用していた様子が、他の信者の目には、被告人がGにかわいがられていると写ったのです。

第二に、被告人は、侵入、窃盗、拉致、殺害という、いわゆる「3K」の活動ばかりさせられてきました。

被告人は高卒であり、圧倒的に大卒、大学院卒が幹部になっているオウム真理教の中では、いわゆる「ノンキャリア」組です。

Gにとっては、被告人は「捨て駒」的存在であったのです。

4　なお、弁護人は、オウム真理教の一連の犯罪について、マインドコントロールをかけられていた弟子同志の間で、誰がどういう役割を果たしたとか、誰がリーダーだったとかいうことは刑事責任の軽重にあまり意味がないと考えています。

弟子は、Gの指示を絶対として行動します。全ての弟子は一人ずつ直接Gとつながり、グルの意思の実践として行動するのであって、実際の犯行において役割を分担するのは、犯行遂行のための便宜によるもの

です。

被害者の遺族の一人が証言されたように、「歯車はみな同じ」です。

オウム真理教の事件について刑事責任を考える時、本質的な差異は、Gと弟子との間にあるのです。検察官自身、論告において、「G'は、わが国の基本的統括機構を武力によって転覆し、自己を頂点とする国家類似の支配体制を築こうと企て、『ヴァジラヤーナの教義』の実践の名の下に無差別大量殺人を正当化した」（九六頁）と指摘しているように、オウム真理教の一連の事件は、Gを首謀者とする内乱罪（刑法七七条）と考える方が実態に合致しています。その意味においても、Gという「首謀者」と「謀議に参与した者、群衆を指揮した者、諸般の職務に従事した者」である弟子との間には、内乱罪の刑罰に見られる画然とした違いがあるはずです。

四 共犯者との比較

地下鉄サリン事件については、共犯者中、実行犯であるM、Zに対して既に判決が出ていますが、右判決に照らしても、被告人には死刑は重きに過ぎます。

1 Mについては、「自首」の成立と事案解明への協力が指摘されています。これは、被告人にも全く同じように当てはまります。

前述したとおり「リムジン車中の会話」の自主的な供述は、自分の情状が悪くなることもかえりみないで、真実の解明に協力したと評価すべきです。

また、被告人はM以上に検察側証人としてオウム真理教事件全体の事案の解明に協力してきました。M証人は「Gやオウムと絶縁することは、ものすごく大きな壁であり、勇気以上のものがいる」と証言し、被告人がG公判において証言したことを、自分と同じように大変な努力だったと評しています。

2 Zについては、次の二点が不利益に指摘されていますが、いずれも被告人には当てはまりません。

第一に、いわゆるマインドコントロールを受けていたことを「一定の限度では酌むことができる」としつつ、「まず、G'が説く教義や修行の内容は、およそ荒唐無稽なものであり、教義の中にはポアと称して人の生命を奪うことまで是認する内容も含まれ、また、G'から指示されたい

わゆるワークは、約一〇〇〇丁の自動小銃の製造など著しい反社会性や違法性を有するものであって、通常人であれば、容易く、G'やオウム教団の欺瞞性、反社会性を看破することができたというべきである」とし、「被告人は、このような契機を徒に見過ごし」たのであって、「それほど有利に斟酌すべき事情とは言えない」と判示します。

弁護人は、Gやオウム教団の欺瞞性、反社会性を看破することは、
① M証人、Q証人、j証人という長い社会経験を持つ年配者でもできなかったこと、
② 著名な文化人でもできなかったこと、
③ 宗教法人の認証をした東京都等の公共機関もできなかったこと、
などから、到底通常人にできたとはいえないと考えていますが、百歩譲ってZにはできたとしても、被告人にはできなかったと言わなければなりません。

被告人は社会経験の全くない高校二年生、一六歳で入信しました。

高校生に「Gが説く教義や修行の内容は、およそ荒唐無稽なものである」ことをわかれというのは無理です。

被告人の高校時代の教師でさえ、「自分もオウム真理教に入信しよう」と考えたと証言しています。

高校時代、宗教の時間を受け持った教師は、「中途半端な教えをした」ことを深く悔いる証言をしています。

第二に、Zの態度について、

「何よりも(中略)地下鉄サリン事件の全貌と被害の悲惨さを目の当たりにしたにもかかわらず、G'個人や教義の欺瞞性あるいはオウム教団自体の危険性、反社会性に覚醒することなく、未だオウム教団を脱会せず、G'に対する帰依の念を捨てきれない様子が窺える」と指摘し、「この事情に照らせば、被告人の反省悔悟の念は、到底真摯なものということはできず」と判示しています。

この点、被告人は全く異なります。

被告人は、

第一に、G個人や教義の欺瞞性あるいはオウム教団自体の危険性、反社会性について、その誤りに気付き、自分自身の反省を深め、裁判を通じて今なお気付かないでいる信者に気付くように呼びかけるという行為をしています。

第二に、オウム教団を脱会しました。

　第三に、Gが証人としてきた時の被告人の発言にも明らかなとおり、Gに対する帰依の念は完全に捨てています。

　被告人が、Gやオウム教団という呪縛から解放されていることは、西田鑑定人、浅見証人によっても明らかです。

第三　弁護人の思い

　弁護人は、被告人が地下鉄サリン事件で逮捕された時点から、被告人とつき合ってきました。

　被告人が、オウム真理教を分析し、Gを批判し、反省を表す様子を見て、弁護人は被告人がマインドコントロールが解けて、素に戻りつつあると信じていました。

　被告人の供述に対して弁護人の持った違和感は、精神的未熟さ、プライドの高さ、社会経験のなさ、という被告人の個人的資質のためだと、ずっと思っていました。

　ところが、西田鑑定人、浅見証人により、「修行者」と思っている被告人の現状が明らかにされ、マインドコントロールは解けていない」という事実を呈示されました。

　弁護人はショックでした。

　が、被告人に対して弁護人が感じてきた違和感は「なるほど」と理解もできました。

　弁護人は改めてカルトの恐ろしさ、とりわけ思春期にカルトに取り込まれてしまうことの人間性に対する影響の深刻さを感じました。

　弁護人は、被告人を何とか素の自分自身に戻してやりたいと思います。

　そうでなければ、被告人がやったことの意味を本当にはわからないと思うからです。

　そうでなければ、社会で生きることの意味、社会で生きる喜怒哀楽の素晴らしさを本当にはわからないと思うからです。

　今、被告人を死刑にしてしまえば、被告人にそれらのことを本当にわからせることができません。

　浅見証人が言われたように、もし、被告人がそれらに気付けばボロボロになるでしょう。

　被告人は、ボロボロにならなければいけないのだと思います。

刑罰は、犯罪者を真に反省させ、人間として更生させる意味を持つものであるはずです。

被告人を死刑にすることは、それに反します。

2. 裁判員裁判の課題

伝承の会　控訴審で死刑になった後、上告審の審理中に裁判員裁判について神山さんはこのように言っている。

　裁判員裁判では困難もある。被告人の人間ドラマで重要なものは、事件後の被告人の変化である。しかし変化には時間がかかる。本件の被告人を見ても、約1年間の逮捕・勾留中、約4年間の公判を通じて徐々に変わってきた。そして大きく変わったのは最後の1年である。裁判官はその被告人の変化をずっと見続けてきた。だからこそ、その変化を理解し、評価することができたのだろう。

　ところが、裁判員裁判では集中審理になる。そこでは、裁判員は短期間しか被告人を見ることがない。被告人の変化を裁判員に見てもらうことはきわめて困難である。そこで、公判を前期と後期に分けるのはどうか。前期の集中審理をして少なくとも半年ほど間を空ける。その後に後期の集中審理を入れる。その間で被告人がどう変わったかを見るのである。

　人は変わり得る。その人の変化を見定めることなく、命を奪うことがあってはならない。このことは、裁判員裁判においても変わることがないはずである。

　そして、心しなければならないことをこの事件は教えてくれた。それは、いかに弁護人は被告人を表面的にしか理解できないかということである。被告人の人間性を示すためには、被告人を知らなければならない。そのために被告人と接見して話し合うことは重要である。しかし、それだけでは足りない。親族・友人・知人を含む被告人を知る数多くの人から被告人のことを聞く。心理学や精神医学の専門家の意見を聞く。育った環境、暮らした現場を見る。多くの活動が必要である。裁判員はいろいろな人生経験を持っている。その人生経験によっては、弁護人が考えてもいないような視点から、被告人の人となりが評価されることがあるのではないか。被告人のことを、被告人

の人生を十分に分析しておくことが、裁判員の共感を得ることにつながるのだと思う。

第4部
裁判員時代の弁護術
被告人が分かる公判をやる

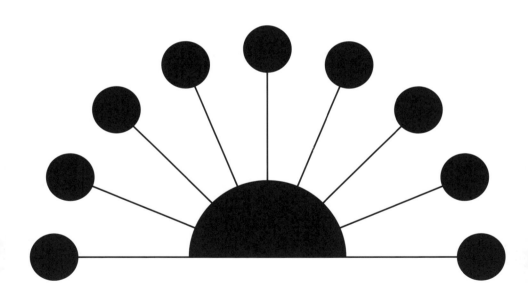

神山　裁判員裁判においては、目で見て耳で聞いて分かる審理をして、法廷で心証を採る。

　公判中心主義を実現すると言われてきました。

　裁判員裁判が始まって15年、その影響を受けて非裁判員裁判も変わっていく。

　そんな思いで、2022年5月から裁判傍聴をはじめました。

　多くの公判が昔のままでした。

・小さい声、早口、一本調子の「書面の朗読」
・すべての証拠の「同意」
・内容のない「要旨の告知」
・採用した証拠を一所懸命に読む裁判官
・「反省しています」といわせるだけの質問
・「お願いします」弁論

　その結果、被告人は目の前で何が行われているのか理解できないで終わるのを待っているだけです。

　公訴事実に争いがない裁判であっても、これは何のための公判なのか？

　公判中心主義は非裁判員裁判でも同じはずです。

　今何よりも大事なのは研修だと思っています。

　被告人も傍聴人も裁判の内容がわからなければ意味がありません。

　「裁判は　見て聞き分かる　権利あり」です。

伝承の会　1995年1月に『季刊刑事弁護』（現代人文社）が発刊されました。神山さんは、1号から40号まで10年間編集委員を務めました。

　その間関わった事件についてだけでなく、刑事弁護活動について数多くの論考を寄せています。

　第7章から第10章は伝承の会が「ぜひ今こそ読んでほしい」と思うものを厳選したものです。縦書きの時代のものですが、横書きで原文のまま掲載します。

第7章

『季刊刑事弁護』からの厳選論考①
原則は不同意
調書裁判克服の実践イメージ

神山啓史

　日本弁護士連合会の示した「刑事司法改革の実現に向けてのアクション・プログラム」には、「伝聞証拠の排除・自白法則の徹底」の項目の中に「伝聞証拠は、原則として不同意にする観点から検討する。事実関係に争いのない事件でも、捜査報告書等、不要なものや、情状を悪くさせるものなどていねいに検討して、できるだけ不同意にする」と記述されている（自由と正義47巻7号156頁）。

　そこで筆者は「原則として不同意にする」弁護活動の実際を思い描いてみた。

　ここに登場するK弁護士は、筆者の創造した人物である。筆者自身がかくありたいと念じながら、現在なお実践できないでいる理想像である。

　全国の弁護士のなかには、これを当然のことのように実践されている尊敬すべき弁護士が必ずおられると思っている。K弁護士のような実践こそ、刑事公判を活性化させ、刑事裁判を充実かつ魅力あるものにすると信じている。

1. K弁護士、国選事件を受任する

　記録を閲覧し、被告人と接見する。覚せい剤所持事件、争いはない。

　K弁護士、記録を検討し、P公判立会検察官に意見を言う。

　K「現行犯人逮捕手続書、物の任提・領置、鑑定書は不同意。乙号証のうち、検察官調書の第三項は不同意にしますので、よろしく」

　P「いつものとおりですね。じゃあ、逮捕警察官と領置警察官は同じですから、その警察官一名と鑑定技官1名を第1回に在廷させておきます」

　K「いつもすみませんね」

　P「いや、警察官たちも勉強になるし、私もやりがいがありますから」

K弁護士、J裁判官に面接する。

K 「いつもどおり、主だった証拠については不同意を検察官に伝えてありますので、直接証人でやってください。検察官は第1回に在廷させておけるそうです」

J 「いつもどおりですね。わかりました」

K 「いつもすみませんね」

J 「いや、時間がかかるわけでもないし、公判が充実して法廷で心証をとるいい勉強になりますから」

2. K弁護士、第一回公判を行う

被告人、弁護人とも、公訴事実について争いがない旨を述べる。検察官の証拠調べ請求について、K弁護人は、甲号証の一部を不同意にする。

それを受けて、検察官は直ちに警察官1名と技官1名を証人尋問請求、裁判官は直ちに採用して証人尋問が実施される。

警察官は、職務質問をしたこと、被告人が素直に物を提出したこと、予試験の結果、陽性反応が出たので現行犯逮捕したこと、を証言。主尋問約15分。K弁護人は念のため、無理な強制がなかったかという観点からチェックする反対尋問を実施。約10分。

鑑定技官は、鑑定書が真正に作成されたことを証言。主尋問五分。K弁護士は念のため、鑑定の手法、結果の判断に誤りがないかという観点からチェックする反対尋問を実施。約10分。

K弁護人は、乙号証について、一部不同意にする。

検察官は、不同意部分を撤回する。

弁護側立証と論告、弁論を第2回公判に予定して終了。

3. K弁護士、S修習生から質問を受ける

S 「どんな事件でも、同じようにやっているんですか?」

K 「そうだよ」

S 「どうして、争いのない事件なのに不同意にするんですか?」

K 「公判を活々としたものにしたいからだよ。

　刑事事件のほとんどは、公判事実に争いがない。争いがないということで

第4部　被告人が分かる公判をやる── 裁判員時代の弁護術

全部同意していたら、検察官は調書を提出するだけ、裁判官は調書を読むだけ、弁護人は一言も反対尋問をしない。これでは、刑事裁判が、裁判官・検察官・弁護人のいずれにとってもやりがいのない魅力のないものになってしまう。

　なんとしても、そうしてはいけないと思うんだ」

S　「現行犯逮捕手続に何か疑いをもっていたんですか？」

K　「いいや」

S　「じゃ、なぜ不同意にするんですか？」

K　「もっともな質問だね。私はこう考えている。

　伝聞証拠の証拠能力が制限される理由は、供述者に直接真実を確認しなければ間違いが起こるからだ。

　弁護人にとって一番大事なことは、証拠を直接自分で確かめることだ。直接に供述者に聞きに行き、調書に書いてあることに、過ぎたることもなく、不足していることもないということが確認されて、はじめて『同意』する資格ができると思っている。

　逮捕した警察官には、事前に聞くことができないから、法廷で聞いてみるんだ」

S　「全証拠をいちいち確認するんですか」

K　「そうすべきだと思っているよ。なまけることも多いけれどね。

　甲号証の中に、被告人に覚せい剤を取り扱う資格がないことを示す証拠があっただろう。あれも間違いないと思っても、一応、電話で確認はしているんだよ。

　窃盗の事件の被害届だって、一応、電話で確認しているよ」

S　「どういう基準で同意・不同意を決めているんですか？」

K　「同意は例外だという基本をもっているんだ。

　何を不同意にするかではなくて、何を同意するかを考えている。被告人にとって有利なもの、弁論で利用したい証拠は同意する。その他は同意しない」

S　「不利でなければ、同意してもいいんじゃないですか？」

K　「まず、被告人が公訴事実を認めているから『まあ間違いないだろう』と考えて、内容も確認しないで同意するのはいけないと思っている。それは弁護人の怠慢だと思う。

　内容を確認した証拠でも、被告人にとって利用できないものは同意する

必要がない。検察官がどうしても立証に必要だと思えば立証してくるだろうし、そうでないものは撤回するよ」

S 「実況見分調書なんかはどうするんですか？」

K 「当然、不同意だよ」

S 「現場の状況を撮影した写真なんかはいいんじゃないんですか？」

K 「人間は完璧ではないよ。現場の状況の把握、写真の撮影には、必ず見分官の主観が入り込んでいる。

　弁護人は現場には臨場していないし、もう当時のままの現場を確認することもできない。すると、直接現場に臨場し、当時の現場を直接見ている捜査官から、よくよく聞くしかないわけだ。『写真に写っている黒い筋はどういうものだったのか』、『写真の画面のすぐ外には何もなかったのかどうか』、『図面に写真に写っているものが書いてないのはどうしてか』、裁判官により正確に現場の状況をわかってもらうために聞きたいことはいっぱいある」

S 「乙号証は不同意にしても、意味がないんではないですか？」

K 「どうして」

S 「だって、任意性を争う事件じゃないなら、結局、採用されてしまうでしょう」

K 「そんなことはないよ。検察官の証拠調べ請求に対して弁護人が326条の同意をしなければ、検察官は、撤回するか、それとも伝聞例外の要件を立証して改めて請求するかを判断することになる。

　公訴事実に争いがない事件でも、被告人の供述調書の一部に、被告人の言いたいニュアンスとは違うニュアンスで供述内容が録取されていることは多いんだ。そうなると同意するわけにはいかない。不同意の意見に対して、量刑上、重要な内容でもなければ、検察官がこだわらず撤回している例はあるんだ。

　検察官は、不同意部分の供述をどうしても立証したいと思えば、322条に基づいて証拠調べ請求をしてくる。検察官が322条に基づいて請求してきたら、そこではじめて異議がないか任意性を争うかの意見を言うことになるんだ」

S 「『同意』もいろいろとあるんですか？」

K 「そう。

　供述者に確認をして、間違っているところを除き、正しいところだけ一

部同意する。

　立証趣旨を限定して同意する。

　反対尋問権を留保して同意する。などなどいろいろ工夫しているよ」

S「反対尋問をするというと、主尋問の証言に疑問があるので、これを弾劾することだと思っていたんですが」

K「もちろん、それもある。しかしそれ以前に、物事を見聞した人に直接その状況を聞いてみるということが、刑事裁判ではとても大切なことだと思う」

S「そうはいっても、身体の拘束を受けていると、裁判が長くなる分、被告人に不利益なこともあるんじゃないですか?」

K「それが一番の問題。人質司法は本当にひどいね」

S「争わないといっても、不同意にすると、保釈も許可しないんじゃないですか?」

K「裁判官は『証人尋問になると、検察官の立証が失敗する』とでも思っているのかなぁ。こういう裁判官の態度に、どうして検察官は『バカにされている』と怒らないのか不思議だよ。検察官はもっと堂々と『証人尋問おおいに結構、検察立証は揺るぎなし』とやればいいのに」

S「争いがないのに不同意なんて、裁判官や検察官にいやな顔をされませんか?」

K「いい質問だね。

　はじめは抵抗はすごかったね」

S「だって、争いがないのに証人尋問なんて、手間ばかりかかって、結局、事実が大きく変わることもないのに」

K「裁判官も検察官も『忙しいのに困る』と言う。しかしね、証拠に基づいて事実認定をするということは、本来、手間がかかることだよ。事実を確認するということを邪魔くさがるような人は、法曹に向いていないと言ってもいい」

S「そうはいっても、この実践はたいへんしんどいことじゃないんですか?」

K「正直言ってそのとおりだな。しかし、調書を提出するだけより、法廷で要点を鋭く主尋問することにやりがいを持っている検察官、調書を裁判官室で読むより、法廷で直接証言を聞き、心証を形成することに喜びを持っている裁判官は、きっと多くいると思う。

　日々の刑事裁判を、少しでもやりがいがあり、魅力ある仕事にしようと

第7章　原則は不同意——調書裁判克服の実践イメージ　**211**

努力している人は、たくさんいると信じている」

Ｓ　「調書裁判は、変えられますか？」

Ｋ　「公判中心主義の実践は、すぐにでもできる。弁護人が、公訴事実に争い
　　のない事件でも、せめて主要な証拠は直接公判における証人尋問で行おう
　　と腹をくくればいいんだ」

Ｓ　「僕にもできますか？」

Ｋ　「根性だね」

　Ｋ弁護士がＰ検察官・Ｊ裁判官と交わす会話は、筆者の理想としている情景
である。

　公判中心主義の実践、調書裁判の打破の最大かつ究極の課題は、刑事事件の
ほとんどを占める公訴事実に争いのない事件における「不同意」→「証人尋問」
の実践だと思う。

　Ｋ弁護士の話は、「日々の刑事事件がこんなふうにやれたらいいなぁ」とい
う筆者の夢である。裁判所・検察庁の現実をみると「厳しい」とわかりつつ、
かくありたい、かくあらねばならないと思い続けている。

（季刊刑事弁護９号〔1997年〕42頁）

第8章

『季刊刑事弁護』からの厳選論考②
黙秘権の確立をめざす弁護活動

神山啓史 + 後藤 昭

1. 問題の所在

近年の当番弁護士の活躍は被疑者段階の弁護活動を活性化し、多くの成果を上げている。しかし、①密室の中で弁護人の援助を受けることなく一人で捜査官と対峙させられ、②個々の質問に黙秘権を行使できるような状況になく、③内容を十分に確認することなく署名押印させられてしまう、という取調べの実態は一向に変っていない。

これまでも取調べへの弁護人立会権が論議されてきたが、それは否認事件についてであり、自白事件では前述のような取調べも「それでもいい」と考えてきたのではないだろうか。

しかし、「弁護人が選任されていて本当にこれでいいのだろうか」という疑問から本項ははじまる。

黙秘権を確立するために、否認事件だけでなく、軽微な自白事件も含む受任した全事件について、取調べに対し実践しなければならない弁護活動があるのではないか、そんな思いから次のような弁護活動を提唱する（同じような思いから創られたのが、季刊刑事弁護2号〔1995年〕124頁で紹介されている「ミランダの会」である。「ミランダの会」については124〜125頁に掲載されている「宣言文」及び「弁護要領」を参照していただきたい）。

2. 弁護活動のポイント

原則の確認

まず被疑者の権利として次の二つがあることを、弁護人が常に確認している

必要がある。

①取調べを拒否する権利

憲法38条1項は黙秘権を保障する。個々の質問に黙秘する権利は、当然の内容として取調べそのものを拒否する権利を含んでいる。

②取調べに応じるときは、弁護人の立会いを要求できる権利

憲法34条、37条3項の弁護人依頼権は弁護人の実質的な援助を受ける権利を内容とする。被疑者一人では黙秘権の行使が困難なため、黙秘権を実質的に保障するために、被疑者は弁護人の立会いを要求することができるのである。

弁護士も、現状の取調べ実務に慣らされている（とりわけ自白事件については）ので、事件に出会うごとに右権利の存在をくり返し心に念じる必要がある。

一方、弁護人として、たとえ自白事件でも、従前されてきた次のような弁護活動は本来不十分なものであることを確認する必要がある。

①接見室の中で、「黙秘権」等の権利があることをアドバイスし、虚偽の自白をしないように励ます（自白事件では「黙秘権」等の権利告知さえ十分になされていないとの報告もある）だけで、被疑者を一人取調室に置きざりにして、その権利の行使を被疑者一人にさせていること

②供述調書の読み聞けはよく聞いて、まちがいがあれば訂正してもらい、納得がいかなければ署名押印しなくてもいいとアドバイスするだけで、弁護人が内容を確認もしていない供述調書に被疑者の判断だけで署名押印させていること

これらが本来不十分な弁護活動であることは、民事事件の処理と比較すればよくわかる。契約交渉を受任した弁護士が、相手に言いくるめられることを心配している依頼者を、一人で交渉の席につかせ、弁護士自身で契約書の内容も確認しないで署名押印させるだろうか。弁護士の援助とは、大事なところでいつでも相談できることであろう。これは刑事事件でも同じはずである。

当番弁護士の各弁護士会のマニュアルには、接見の際、黙秘権等の権利をわかりやすく説明することが指示されている。もちろんこのことは重要である。しかし、弁護人の援助を求めている時、どんなに弁護人が声をからしてアドバイスしても、アドバイスするだけで「あとは一人でがんばれ！」というのでは、やはり不十分ではないだろうか。

検察官が取調中被疑者に暴行を加え、有罪判決が下されている現実がある。このことは、被疑者を一人で取調官と対峙させることの危険性を如実に示している。

弁護活動の内容

　以上の原則の確認の上に立つと、どんな事件（たとえ軽微な自白事件であって
も）でも、取調べへの対応は二つあることになる。

1　一切の取調べを拒否する。

　　現実には自白事件では稀であろうが、否認事件では当然考えられる対応で
ある。

　　この場合には、弁護人は被疑者に対し、

　　　①一切の取調べを拒否すること

　　　②房から出て取調室へ行くことも拒否すること

　　　③何も言わないこと、どんな質問にも一切答えないこと

　　　④何も書かないこと、どんな書類にも一切署名押印しないこと

　　をアドバイスし、その意思を取調官に対し表明する。

　　なお、被疑者の主張を聴き取り証拠化するのは、弁護人の「仕事」と考え
るべきである。

2　弁護人の立会いを条件として取調べに応じる。

　⑴　まず軽微な自白事件を含む受任した全事件について、取調べに弁護人の
　　立会いを要求する。そして、弁護人の立会いがない限り、取調べには応じ
　　ない。

　　　弁護人の立会いが認められず、取調べを拒否する時は、前項と同じよう
　　にする。

　⑵　そうは言っても、自白事件では、弁護人の立会いを要求して拒否されて
　　も、被疑者が取調べを拒否することまでは期待できないのが現実である。
　　被疑者は、結局一人で取調べに応じてしまうと考えておく必要がある。

　　　そこで、被疑者が取調べに応じた時のことも考えて、

　　　　①いつでも取調べを拒否できること、その場合は「以後取調べを拒否
　　　　　する。房に帰してほしい」と言うこと

　　　　②いつでも弁護人の立会いを求められること、その場合は「弁護人を
　　　　　呼んでほしい。それまで以後の取調べに応じない」と言うこと

　　　　③個々の質問で答えたくないときは黙秘できること、その場合は「そ
　　　　　の質問には答えたくない」と言うこと

　　　をアドバイスした上で

　　　　④供述調書に署名押印を求められた場合には、たとえ自分ではまちが
　　　　　いないと思っても、弁護人といっしょに内容を確認しない限り、絶

対に署名押印しないこと（なお念のため、供述調書以外の一切の書類についても、弁護人と相談することなく勝手に署名押印しないこと）

をよく説明し被疑者に守らせる。

具体的実践の方法

1　被疑者によく説明する。

軽微な自白事件を含め全事件で実践するとなると、現実には、弁護人の立会いを要求するものの、結局弁護人の立会いなしで取調べに応じてしまうケースがほとんどということになろう。そうすると、「弁護人といっしょに内容を確認しない限り署名押印しない」ということが鍵になる。

当然捜査官は、執拗に被疑者に対し署名押印するように働きかけるであろうから、それに被疑者が屈しないように弁護活動を理解しておいてもらう必要がある。

①署名押印すると、後で思い違いに気づいて、「違う」と主張してもなかなか通らないこと

②署名押印する義務はないこと（刑訴法198条5項但書）

の説明は最低限必要である（不利益にならないかについては後述する）。

2　次のような意思表明書(資料省略)に被疑者の署名押印をもらい、弁護人が連署する。

これを事件担当の司法警察職員、検察官に提出し、その内容を伝える。

3　勾留質問前に受任したときは、勾留裁判官にも同様のことをする。勾留質問調書への署名押印も、弁護人が確認しないでなされてよいものではないことは供述調書と全く同じである。

4　取調べに立会うことによって供述調書の内容が確認できる場合、書面のコピーが交付される等の方法により被疑者と内容の確認ができる場合には、確認してまちがいがなければ被疑者は署名押印をする。

また、起訴後証拠調請求された時に、内容を確認してまちがいなければ、刑訴法326条の同意をする。

捜査機関の報復の懸念

以上のような弁護活動をするについて、最大の心配事は、被疑者に不当な不利益がかせられるのではないかということである。

ただ、季刊刑事弁護2号120頁に掲載されている小川秀世弁護士の報告によ

れば、不起訴になるべきものが起訴されたり、略式罰金になるものが公判請求されたりすることは実際にはないと思われる。

しかし、捜査官が執拗に署名押印をするよう説得しようとする結果、勾留が長びくこと、とりわけ捜査官が「署名押印すればすぐ釈放できるのに」と言うことは予想される。弁護人としては苦しい選択を迫られることも多いと思われる。

現段階で適確な方法を提示する能力はないが、

　①弁護人は、弁護人が内容を確認してもいない書面に依頼者である被疑者の署名押印をさせるわけにはいかない、という法律家として当然のことを要求していること

　②憲法38条1項、刑訴法198条5項但書の規定から署名押印の拒絶は正当な権利行使であり、捜査機関が署名押印の拒絶をもって不利益に取扱うことは、典型的な「人質司法」であって、捜査機関にこそ問題があること

を考えると、まさしく「保釈をとるために争うべきものを争わないですか」という問題と同じ戦いである。

接見交通権の確立が、検察官から指定書をもらえば早く接見できるところを、原則的戦いで切り拓いてきたことを考えれば、弁護士が相互に工夫し、情報を交換しあって、不利益を最小限にしつつ実践していく他ないだろう。「何もしなければ何の変革もない」ことだけは確実である。

今後の課題

ここに示した弁護活動にはまだまだ多くの課題がある。たとえば、署名押印しないことをもって「罪証隠滅のおそれがある」という判断がされたときの的確な反論、署名押印のない供述調書の代わりに、捜査官が被疑者の供述内容を法廷で証言してきた時の対応などである。

これらについては、この弁護活動の実践を積み重ねていく中で、相互に事例を報告し合って研鑽を積みながら考えていく他ない。今後、さまざまな実践例が蓄積されていくことを期待したい。

3. 理論上の課題

ここで提案されている弁護方針のうち、ここでは被疑者の捜査官に対する供

第8章　黙秘権の確立をめざす弁護活動　**217**

述調書への署名押印の点に絞って、解釈論の角度から検討する。

1　本人の調書への署名拒絶権

　提案されている方針は、被疑者が調書への署名押印拒絶権を持つことを前提としている。刑訴法198条5項は、「被疑者が、調書に誤のないことを申し立てたときは、これに署名押印することを求めることができる。但し、これを拒絶した場合は、この限りでない。」と定める。この但し書により、被疑者が供述録取書への署名を拒絶できることは、明らかである。

　もっともこれに対しては、被疑者が署名押印を拒絶できるのは、録取内容に誤りがあると主張する場合に限られるという、議論があるかもしれない。つまり、署名押印は供述録取の正確さを担保するための手続であるから、被疑者がすでに供述拒否権を放棄して供述し、しかもその内容が正確に記録されていると認める以上、法律上は署名押印を拒絶できないという、考え方である。

　しかし、刑訴法198条5項は、被疑者が「誤のないことを申し立てた」場合に、はじめて取調官が署名押印を求めることを認める。その上で、署名押印を「拒絶した場合」をそこから除いているのである。したがって、被疑者は、たとえ録取内容の正確さを認める場合であっても、署名押印を拒むことができると解さなければならない。この解釈を明言した判例は見あたらないが、いくつかの文献は、これを明言している(団藤重光『新刑事訴訟法綱要』7訂版326頁、平場安治ほか『注解刑事訴訟法中巻』全訂新版56頁〔高田卓爾〕、中武靖夫ほか『捜査法入門』263〜264頁〔日比幹夫〕など)。

　このような署名押印の拒絶が認められる理由は、いくつか考えられる。

　第一は、言うまでもなく、録取の正確性を確保するためである。刑訴法322条1項は、再伝聞証拠である被告人の供述録取書が証拠能力を持つための前提的な要件として、本人の署名または押印を要求している。そうすると、調書への署名押印が、主として録取過程の正確さを確保するためのものであることは確かである。

　供述録取の正確性を確保するためには、正確さについて、被疑者に困難な判断を要求してはならない。被疑者としては、閲覧または読み聞かせを経ても、録取の正確性が判断しかねる場合がありうる。現在行われているような要約録取については、とりわけその判断は困難であろう。被疑者として、記載の誤りを明確には指摘できないが、自分の言いたいこととは異なるという不安を持つ場合、署名押印の拒絶によって、将来の証拠としての利用を拒むことができる。

198条4項により増減変更の申立が認められていても、署名押印の拒絶を認める意義は変わらない。一定の供述が後に証拠としてどんな作用を持つかを知らなければ、増減変更の申立をすべきかどうか、的確には判断できない。そこで、被疑者が過不足のない供述であるかどうか判断しかねるものを、署名押印の拒絶によって、証拠にさせないという途を与える意味がある。

また、削除や変更の申立があっても、原記載自体は削除せず、申立内容を書き加えるというのが、一般的な解釈である(井戸田侃編『総合研究＝被疑者取調べ』398頁〔森井暲〕)。この場合、署名押印の効果は、削除または変更された記載には、及ばないと考えるべきであろう(平野龍一『刑事訴訟法』107頁)。しかし、調書全体に署名押印の効果が及ぶ場合のあることを認めるように見える見解もある(松尾浩也監修『条解刑事訴訟法』増補補正版641頁)。いずれにせよ、原記載を裁判官の目に触れさせないためには、署名押印を拒むことが必要になる。

供述者に署名押印の拒絶を認める第二の大きな理由は、供述拒否権の保障である。もともと被疑者は何も供述する義務はない。しかし、現実には供述拒否を貫くことは、しばしば困難である。そこで法は、被疑者の最後の手段として、調書への署名押印の拒絶により、供述証拠の提供を拒む機会を与えたのである。

以上のような署名押印拒絶権の根拠に照らすと、被疑者が録取の正確さを認めるか否かに拘らず署名押印の拒絶を認める実質的な意味がある。また、弁護人に録取内容の正確性や、被疑者の立場からみた供述内容の妥当性を判断してもらったうえで、署名押印に応じるという選択は、被疑者本人にとって合理的な選択である。供述調書は契約書のような処分文書ではない。しかし、供述者がこれに署名押印することは、拒否権を放棄して訴追側に証拠を提供する処分行為を含んでいる。その意味でも、被疑者が弁護人の意見を聞いてから判断したいと考えるのは、自然である。それを勧める弁護人の助言は、正当な助言である。

もっとも、捜査官の立場からは、このような弁護人の助言は、捜査の妨げと感じられるかもしれない。たしかにこのような弁護活動は、今までのような供述調書の作成方法に変更を迫るものである。しかし、それを理由にこのような弁護活動を批判するとすれば、それは被疑者は権利を放棄して捜査に協力するのが当然であるという観念に捕らわれた批判と言わなければならない。しかも、被疑者・弁護人側は、調書の記載内容を確かめたうえで、問題がなければ署名押印するというのである。取調官として、そのための調書の閲覧を拒むべき理由は見いだせない。

2　弁護人の申し入れの効果

　提案されている方法では、調書の記載内容を弁護人が確認しない限り被疑者が署名押印しないという方針を、弁護人が(被疑者と連署した書面で)捜査官に伝える。

　弁護人が右のような意思表示をする権限は、特別な法律の条文に基づくものではなく、いわゆる包括代理権に基づくものである。そうすると、弁護人の意思表示に拘らず、調書に署名押印するかどうかは、最終的には被疑者本人が決めることである(刑訴法41条参照)。

　しかし、いったん弁護人の助言に従う意思を明示した被疑者に対して、弁護人のいないところで捜査官がすることの許される説得には、限界がある。少なくとも、説得の過程で、弁護人との相談の機会を制限するようなことがあれば、弁護人依頼権の侵害となる。被疑者に弁護人に対する不信感を植え付けるような言動を用いた場合にも、同様である。

3　署名押印のない供述録取書への同意

　提案されている方法では、起訴後に検察官が被告人の署名押印のない供述録取書の証拠調べを求めた場合、内容を確認して問題がなければ刑訴法326条の同意をするとされている。

　原供述者の署名押印を欠く供述録取書は、同意書面としても使えないとする高裁の判例もある(福岡高判昭26・1・30高刑集4巻1号48頁など)。たしかに、署名押印を欠く供述録取書については、法326条の相当性の要件は慎重に判断すべきである。しかし、弁護人と被告人が、録取の正確性と供述内容の真実性を確認したうえで証拠とすることに同意をするならば、これを禁止する必要はない。高裁判例には、この種の供述録取書を同意書面とする可能性を認めたものもある(東京高判昭43・6・27判時538号84頁参照)。通説も、これを認めている(松尾浩也監修『条解刑事訴訟法』増補補正版684〜685頁、石井一正『実務刑事訴訟法』146頁)。

　したがって、被告人の調書に署名押印がなくても、公判で争いのない事件の立証が、かくべつ非能率になることはない。

［参考文献］
　高野隆「被疑者の取調べにどのように対処するか」竹澤哲夫＝渡部保夫＝村井敏邦編『刑事弁護の技術（上）』（第一法規、1994年）95頁

　　　　　　　　　　　　　　　　　　　　　（季刊刑事弁護2号〔1995年〕126頁）

第9章

『季刊刑事弁護』からの厳選論考③

どんどん見せてもらおう
こんなことも証拠開示

神山啓史

公判において検察官から提出される証拠には、「加工」と「選別」が必ずあります。

検察官から提出される証拠を徹底的に吟味するのが弁護人の役割であるとすれば、弁護人が検察官に対し「加工前の原資料を確認させてくれ」、「選別からもれた証拠にどんなものがあるのか見せてほしい」と要求することは、弁護人の義務とさえいえます。

そんな視点から、「こんな時、こんなものを見ないでいいのか」という問題意識で、弁護活動を振り返ってみたのが本稿です。

したがって、「証拠開示」といっても、ここではもっと幅広く「より多くの情報を得る」という意味で使っています。

1. 記録を閲覧したとき

① 「あれ、どうしてあの証拠がないの」と思うことがあります。

たとえば、窃盗の現行犯逮捕のような場合、当然被害品は被害者の手許に戻っていると思われるのに、被害品還付済の書類がないときなどです。

被害品が還付済であることは、大きな情状証拠です。検察官に「提出してください」と言いましょう。

2. 同意・不同意を考えるとき

公訴事実に争いがないとしても、なんとなく気になることがあります。

②　供述調書に、「前にも話したとおり」とか、「何日の取調べに続いてお話しします」と書いてあるのに、前の供述調書が出されていないときなどです。

前の供述調書が出されていないと、「ひょっとして何か」と思いたくなります。「念のため見せてください」と言うべきです。

③　供述調書に、「電話をかけたのは、私の記憶では、午前1時頃ですが、検事さんに調べてもらったところ0時54分だと聞きそのときだと思います」とか、「ここで○○を示す」と書いてあるのに、「0時54分」の根拠を示すものや示したものが添付されていないときなどです。

間違いはないと思っても、検察官が入手した「電話料金明細書」や「レシート」など、根拠を示す生データを「一応確認のため見せてくれ」と言うべきです。

④　鑑定書に結論だけしか書いていないのも困ります。

血液型鑑定にしろ、薬物鑑定にしろ、「B型である」とか、「○○が含有されている」という結論だけでは判断のしようがありません。

結論を導き出す根拠となった検査データが必ずあるはずです。診断書について、カルテを要求することも同じです。「データを見て納得できたら同意するので」と言ってみるべきです。

3. 証人尋問をするとき

⑤　検察官証人の反対尋問をするために、証人の全供述調書の開示は不可欠のものです。

まず、証人尋問の前に検察官に「証人の供述調書で開示されていないものがあればすべて見せてください」と要求します。

検察官が要求に応じないときは、裁判所に対し、証拠開示命令の請求をします。

裁判所も動かないときは、主尋問終了後に再度請求します。

それでもだめなときは、捜査段階の取調状況、供述調書作成状況にしぼった反対尋問を先行させ、未開示の供述調書があること、供述に変遷のあることを証言で引き出し、そこで反対尋問をいったん止めて、再々度証拠開示を請求します。

4. 客観的状況をもっと知りたいとき

⑥　弁護人自身が犯行直後の現場を見分できない以上、捜査機関の実況見分は証拠の宝庫です。しかし、実況見分調書は、捜査官の「選別」「見落し」「誤認」等によって「歪んだ」ものになっている危険があります。現場の状況をできるかぎり正確に、より多く明らかにする必要があります。

第一に、添付してある写真の他にも写真があれば、見せてもらいます。

第二に、写真撮影の順序が問題になれば、フィルム全部の棒焼きを求めます。

第三に、写真を分析したいときは、フィルムの開示を要求し、フィルムの複写をします。

⑦　鑑定をめぐっては、採取された資料と鑑定された資料の同一性に疑問が生じることがあります。

第一に、採取時の写真、図面、捜査報告書等の開示を求めます。

第二に、鑑定開始時の写真、図面、検査ノート、メモ等の開示を求めます。

また、鑑定資料の汚染、変性が問題になることもあります。検察官に対し、採取道具を見せてもらったり、鑑定資料の保管場所を見せてもらったりする必要もあります。

⑧　捜査機関は、結局、有罪証拠とはならなかったとしても、犯人特定に結びつく痕跡がある限り原則として鑑定しているものです。証拠物の鑑定は、鑑定結果が信用できれば重要な客観的証拠であり、検察官としても開示を拒否しにくいものです。

第一に、実施した鑑定の全部を見せてくれと要求します。

第二に、開示されている鑑定書の鑑定嘱託番号に注意し、抜けている番号を特定して要求します。

⑨　押収物については、どんなものが、どれだけ押収されているかを知っておく必要があります。この作業を怠った結果、被告人の弁解が容易に弾劾されてしまうこともあります。

第一に、被告人の持っている押収品目録に基づき、開示の要求をします。

第二に、仮還付、還付の請求をします。

第三に、被告人以外のところからの押収物については、開示されている証拠の押収番号に注意し、抜けている番号を特定して開示を要求します。

5. 捜査状況をもっと知りたいとき

⑩　被告人の供述調書、上申書、図面は一切全部開示を要求します。検察官の手許にある勾留質問調書も同様です。

⑪　取調べの日時、時間などは、留置人出入簿等の簿冊類の開示を求めます。

簿冊類そのものが開示されず、捜査報告書のかたちで証拠調べ請求されることがありますが、「加工」されている危険があります。

簿冊そのものも虚偽の記入や改ざんのおそれがありますが、ともかく「原資料を確認したい」という要求は絶対に正当なはずです。

⑫　逮捕状請求書に記載のある証拠の開示を要求します。

裁判記録を閲覧すると、身柄記録がついています。あらためて、逮捕状請求書から始まる身柄記録を見ることは開示の対象物を検討するうえで有用です。

⑬　被告人が、取調時、取調官から聞かされた「証拠」も重要な開示対象物です。「誰々は……と供述しているぞ」という話があったのに、該当する供述調書の開示がないなど、注意しておく必要があります。

⑭　主任捜査官の証人尋問をやることも意義があります。

証言後に、主任捜査官の証言に出てきた証拠、捜査報告書等の開示を求めます。

6. 検察官の証拠が採用されたとき

⑮　国外退去させられた外国人の検察官調書が刑訴法321条1項2号前段で採用された場合、当該外国人の警察官調書等一切の供述調書等の開示を求めます。

当該外国人を尋問できない以上、その信用性の検討には、他の場面でどのように供述しているかということが極めて重要になります。刑訴法308条等を根拠に、開示は信用性の検討に不可欠であると主張します。

⑯　証人の検察官調書が刑訴法321条1項2号後段で採用された場合、当該証人の警察官調書等一切の供述調書等の開示を求めます。

検察官は、必ずといって、供述調書の特信性について、「公判証言よりも時期が早く記憶が鮮明なときの供述」ということを主張します。

通常、警察官調書は検察官調書よりも早く作成されます。検察官調書よりも早い時期の供述内容を確認することは、検察官のいう特信状況についての検討

に不可欠だと主張します。

⑰　検察官から、量刑相場を立証する趣旨で同種事犯の裁判例が提出されるときがあります。

仮に、裁判所が関連性を認めて採用したとしても、検察官の提出した裁判例は、「選別」されたものです。選別が合理的であるかを検討するために、選別のもとになった全データ、提出された裁判例の詳細の開示が必要です。

全データの中から、弁護人の主張に沿う裁判例を提出すること、裁判例の詳細な内容から、検察官の指摘する裁判例が検察官の主張に沿うものではないことを指摘することのチャンスを弁護人にも保障しなければならないはずです。

7. 情状資料を得たいとき

⑱　少年時代に家裁で調査を受けている場合には、社会記録を見てみることが有用です。裁判所に対し、刑訴法279条を根拠に少年事件記録の取寄せを請求します。

以上に対して捜査段階では、証拠は検察官の手に握られたままで、弁護人は手探り状態ということになります。

これでは、検察官の勾留請求に反論しようにも、検察官の根拠とする証拠が何かわからず、意見が行き違いになってしまいます。なんとか、検察官の主張にヒットする意見書を提出して、裁判官に判断してほしいと思うのは当然です。

①　なんといっても警察官、検察官に面接をくり返し、情報を聞くことです。

示談する被害者の住所など、弁護人の姿勢で態度を変え、教えてくれることもあります。

また、兇器等、客観的な物証について見せてもらうこともないわけではありません。

②　逮捕状請求書の記載から情報を得ることができます。

請求書謄本の閲覧、謄写については、季刊刑事弁護4号162頁の髙見秀一弁護士の論考「逮捕状請求書謄本の謄写請求の勧め」を参考にしてください。

③　裁判官と面接し、裁判官から聞くこともできます。

勾留請求時、準抗告申立時、検察庁から捜査記録が裁判所にわたり、裁判官は記録を読んでいるはずです。

「○○はどうなっているんでしょうか」という質問を向けると、回答してく

れることもあります。

④　勾留理由開示公判で釈明として聞くこともあります。

⑤　外国人事件においては、国外退去させられてしまう前に弁護人から証拠保全請求をして、証人尋問する場合があります。

この場合、検察官調書が存在していても、証拠保全の段階では、「証拠整理が未了」として証拠開示がないことがあります。そうすると、弁護人としては、将来公判で刑訴法321条1項2号前段で請求されるであろう供述調書の内容について、有効な尋問ができません。

証拠保全をする裁判所に対し、当該証人の供述調書だけでも先行させて証拠開示するよう検察官に対する命令を求めます。

弁護人にとって、加工された証拠をうのみにすることなく、原資料、生のデータをきちんと確認していくことは基本だと思います。

その姿勢は、検察官、裁判官とて同じだと思います。

遠慮なく、かつ誠実に証拠開示を要求することは、ほめられこそすれ、嫌われることではないはずです。

心ある検察官や裁判官はきっと理解してくれると信じて、「ちょっとアレ見せてくれない？」と言ってみましょう。

（季刊刑事弁護19号〔1999年〕24頁）

第10章
『季刊刑事弁護』からの厳選論考④
刑事弁護は経験から学ぶ

神山啓史

　新人弁護士や司法修習生の前で刑事弁護の講義をした日は、決まって夜の帰り道、月を見上げて自己嫌悪になります。「俺のはじめはひどかったなあ」と思うからです。「失敗」というよりも、すごく「不充分な弁護」だったのです。

　①　情状弁護の事件では弁論要旨を書いていません。情状のポイントを箇条書きにメモし、「第一点として……」と弁論していました。

　②　接見は一度だけです。記録の内容を確認し、おおざっぱな被告人質問の打合せをしただけでした。

　③　情状証人との打合せも、公判当日30分ばかり早く来てもらって、ポイントを打合せして終っていました。

　いまから考えると、「怖ろしい」弁護だったと冷汗が出ます。それが、どういうきっかけかわかりませんが、被告人との接見が2回になり3回になりました。情状証人も、事前に一度弁護士会に呼んで打合せをし、裁判所を見てもらうようになりました。

　④　自分が控訴しないかぎり、否認事件でも、判決書謄本をとっていませんでした。ある時、先輩が全事件の判決書謄本をとっていることを知り、愕然としたことをいまでも覚えています。

　⑤　国選で初めて上告事件をとった時、在宅事件だったのに被告人と面接をしませんでした。意味があったかどうかはともかく、「ちゃんとした弁護じゃなかった」と、いまも気になっています。

　⑥　常習累犯窃盗だったと思いますが、国選事件で、なんとか情状証人を出そうと思うあまり、被告人が嫌がるのに、「親に連絡をとる」と言ったら、被告人が怒って接見室から出ていこうとしました。被告人には被告人なりの事情もあり、配慮も欠いた態度を反省しました。

⑦　コンビニエンスストアの強盗事件でした。被害者がチェーン店だったので、さっそくチェーン店の本部に行き示談をし、これでよしよしと思っていました。ところが公判で裁判官から、被告人の親に対し、「どうして脅された店員とは示談していないのか」と聞かれて、「あっ」と思いました。それが理由かどうかはわかりませんが、実刑でした。思い出すと、いま「少しでも多くの情状立証を」と言っている自分が恥ずかしくなります。

⑧　二人組の窃盗の国選事件でした。現行犯逮捕だったので被害品も戻っており、被害者の方に手紙を送り電話で話し、そして、寛大な処分を求める上申書を書いてもらいました。事前に検事に持っていったところ、検事から「被害者が文句を言っているので不同意にせざるをえない」と連絡が入りました。検事が教えてくれたのは、被害者の方は、私が弁護している人間を、もう一人の仲間と間違えていたらしいとのこと。被害者の方が言うには、あっちの男はいいが、こっちの男はだめだということだったようです。詰めの甘さを思い知らされました。また、検事から、「被害者には後で検事から確認がいくからということを一言言っておかれるといいですよ」とアドバイスされ、以後はそうするようになりました。

⑨　否認事件でもなかなか「黙秘」の指示は出せませんでした。結局、何通もの否認調書をとられ、そこに書かれている弁解が、公判で証拠と食い違ったり、変遷したり（そうであっても信用性が否定されるようなことがらではないといまでも思っていますが）したことが理由で、弁解は信用できないと判断されました。先輩から「なんでこんな調書を作らせるんだ」と怒られ、以後「やっぱり黙秘」と思うようになりました。

⑩　自白の任意性を争う被告人質問の時のことです。被告人とは十分に打合せをしたつもりでした。ところが公判では、弁護人の質問と被告人の答えが、噛み合いませんでした。後で被告人に聞くと、「私がいちばん言いたかったのはどこどこなのに、そこをなかなか聞いてくれないものだから」ということでした。打合せの時、「そのことはあまり関係がないから」とよくよく説明したつもりだったのにと思っても後の祭りでした。弁護人の意図と被告人の心情との十分なすりあわせの大切さを知りました。

　思いつくまま挙げてもすぐに10点になりました。これからも刑事弁護の経験を積み重ねるなかで、刑事弁護を学ぶのだと思います。

（季刊刑事弁護28号〔2001年〕33頁）

第11章
裁判「官」裁判傍聴記

伝承の会　神山さんは2022年5月から東京地方裁判所において、刑事裁判を傍聴している。

　以下は、第二東京弁護士会の会誌『NIBEN FRONTIER(二弁フロンティア)』(2023年3月号)に掲載された傍聴記である。

　多くの裁判官にも読まれ、2023年11月14日には「裁判官裁判を傍聴して見えたこと」と題して裁判官に対する講演もした。

　神山さんは今日もひまがあれば傍聴席にいる。

＊

語り手：神山　　啓史(35期)
聞き手：久保　有希子(60期)

1.　きっかけ

久保　刑事弁護人・神山啓史弁護士が最近、東京地裁の裁判官裁判の傍聴席に出没することが一部で話題になっています。なぜ傍聴されているのでしょうか。

神山　「裁判員裁判の実践が非裁判員事件の刑事裁判の公判活動にも良い影響を及ぼしているようでしょうか？」と、今春、埼玉の設楽あづさ弁護士から聞かれました。「見ていないから分からない」と言うと、「見るべきじゃない？」と言われました。裁判員裁判が始まって10年余り。私が司法研修所の刑弁教官をしたのが67期から71期、それから4年。半ば設楽弁護士に命じられ、「確かに今どうなっているんだろう？」という思いから、東京地裁において裁判官裁判の傍聴をすることにしました。5月から本原稿〆切の12月末ま

で、約80件を見ました。裁判官裁判、できれば新件、できるだけいろんな裁判官をと考えて、毎日地裁1Fで法廷の日程を検索、ブラリと傍聴席に座りに行きました。

2. 印象

久保　傍聴してみてどうでしたか。

神山　「少しは良くなっているんじゃない？」という期待は、完全に裏切られました。「これじゃ、前と全く一緒じゃないか！」

　　裁判員裁判の導入前、公訴事実に争いのない大半の事件は形骸化していて、面白くないものでした。検察官は、小さい声で、早口で、事務的口調。弁護人は、決まり文句のように、「被告人と同様です」「全て同意します」「寛大な判決をお願いします」。その結果、被告人は完全に置き去り。何がされているのか分からないまま、黙って座っているだけ。裁判を受けたという感銘力は何もありません。傍聴人も同じです。

　　ところで、今は特別な事件でもないのに、どの法廷もそれなりに傍聴人が入っています。それにも正直驚きました。それなのに、せっかく見に来た多くの人が、きっと「刑事裁判って何してるのかよく分からないし、面白くないね」と思って帰っていくのかと思うと、すごく残念な気持ちになります。

　　裁判員裁判の研修を通じて、法廷における尋問、陳述の技術を磨く。裁判員裁判が公判中心主義になったことをはずみに、裁判官裁判もいきいきとした公判中心主義の法廷に、という私の夢。その甘さを痛感しました。

3. 問題点

久保　具体的にどのような問題を感じましたか。

神山　このままではいけないと思います。公判中心主義は、裁判員裁判だけのものではありません。全ての刑事裁判において、共通して重要なものです。私自身、いろんな研修で言い続けてきた責任も感じます。それではどうすればいいのか。

　　まず、傍聴して見えた問題点を整理しました。その上で、こうあるべきではないかという私見を示そうと思います。もちろん、対策と呼べるようなものにはなっていません。せいぜい「弥縫策」というものでしかないかもしれ

ません。以下、手続の進行に従って示します。

① 弁・被告人の着席位置

　裁判員裁判では、身体拘束中でも、弁護人席の横に被告人席があります。一方で、裁判官裁判は、そこまでは至っていません。しかし、裁判官裁判においても、在宅、保釈中の被告人は、弁護人席の横に座るべきですし、裁判官も否とは言いません。ところが身体拘束を受けていない被告人のほとんどが、弁護人の前の被告人席に座っています。保釈される人が以前よりも増えているように思えるので、より残念です。弁護人としては、今すぐに被告人の着席位置を弁護人席の横にすべきです。研修が不十分です。

② 検・起訴状朗読、冒頭陳述、要旨の告知

　小さい声、早口、抑揚のない事務的口調の検察官が少なからずいます。被告人、傍聴人が耳で聞いて分かるように、大きい声で、ゆっくりと、メリハリをつけて語るべきです。指導が不十分です。

③ 弁・弁護人の意見

　公訴事実について、被告人の意見が終わった後、ほとんどの弁護人が「被告人と同様です」と述べています。事実を全て認めている場合には、誤っているとは言えませんが、明らかに手を抜いています。弁護人自身の言葉で、例えば、「公訴事実に争いはありません。被告人には刑の執行を猶予するのが相当です」などと言うべきです。

　なお、被告人が、強盗の公訴事実について、一部暴行を否認したような場合は、「被告人と同様です」では、弁護人の意見として不十分です。裁判長から、「それで、強盗罪の成立は認めるのですか、どうなんですか」などと弁護人が問われるのは情けないことです。

④ 検・冒頭陳述

　どんな事件でも、「第1　身上経歴、第2　犯行に至る経緯、第3　犯行状況、第4　その他情状」という構成です。この構成そのものは仕方ないことかもしれませんが、第2、第3については、裁判員裁判をイメージして被告人の犯行ストーリーをわかりやすくまとめたものにならないでしょうか。

⑤ 検・証拠調べ請求

　「証拠関係カード記載のとおり請求します。」と言うのは、被告人、傍聴人に対して不親切です。せめて、「甲号証何通、乙号証何通の取調べを請求します。」と言ってもらえないでしょうか。

⑥ 裁・弁護人意見聴取

　まず、全ての裁判官が、甲号証、乙号証一括して弁護人に意見を求め、同意された書証を一括して取調べしています。私は、あえて、裁判官は、甲号証と乙号証をはっきりと区別するべきだと思います。まず甲号証の意見を聞き、同意された書証の取調べをする。その後に乙号証についての意見を聞き、同意された書証の取調べをする。そうすることにより、裁判官、検察官、弁護人が甲号証と乙号証の証拠の性質の違いをより意識するようになると思います。私は、もっと甲号証と乙号証の性質の違いについて、法曹三者とも意識すべきだと思います。

⑦ 弁・証拠意見

　ほとんどの弁護人が「甲、乙全て同意します」と言います。公訴事実に争いがない事件で、「何が何でも不同意にしろ」などというつもりはありません。しかし、本当に証人尋問をしなくてよいのか。その証拠に必要性があるのかを十分に検討した上での意見ではないのではないかという危惧を持ちます。採用されて、検察官の立証趣旨で要旨の告知を聞くと、「何でこの証拠がいるの？」と疑問に思うことが少なからずあります。不同意にすれば撤回されるものであれば、遠慮なく不同意でよいはずです。

⑧ 弁・証拠意見－乙号証

　裁判員裁判では、被告人の供述調書の内容に間違いがなく、同意されたとしても採否を留保して、被告人質問を先行させ、供述調書の取調べの必要性がなくなれば、検察官が撤回したり、裁判所が却下したりする取扱いがされています。これは、捜査官の作成した被告人の供述調書を証拠とすることなく裁判をするという意味で、本来のあるべき刑事裁判の姿だと思っています。そこで、裁判官裁判においても、できるかぎり、この実践をするべきだといろんな研修で繰り返してきたつもりです。しかし、全く根付いていませんでした。

　考えれば、弁護人には、大きな心の壁が3つあるようです。第1に、被告人質問を先行させるとなると、それだけしっかりとした被告人質問の準備が必要になります。しかし忙しい中、そんなに時間をかけられない。第2に、被告人質問が下手だと、裁判官から「これじゃ供述調書を読んだ方が早い」と言われてしまう。それは恥ずかしい。第3に、供述調書に間違いがなければ、裁判官に読んでもらえばいいじゃないか。なぜ供述調書より、被告人の生の声が良いのか分からない。

私自身、いろんな研修で、被告人質問先行の価値を説いているつもりですが、その力不足を痛感します。今、心ある裁判官は、弁護人が被告人質問先行にきちんと取り組む姿勢を示せば、駄目とは言わないはずです。事案が複雑で、被告人質問先行をすると相応の時間が必要ということであれば、事前の進行協議をすればよいと思います。今、弁護人から、供述調書を使わない裁判を積極的に進めていかないのは残念で仕方ありません。

⑨　検、裁・証拠の厳選

　証拠の厳選について言われるようになったのは、裁判員裁判からです。それまでは、「必要性なし」という意見は、およそ聞いてもらえませんでした。裁判官裁判では、今なお、検察官は、証拠の厳選という意識を持っていないようです。そして、裁判官もまた、弁護人が同意と言えば、即採用しています。

　ところが、傍聴している中で、次のような場面がありました。弁護人が「全て同意」と言った後、検察官の証拠関係カードの立証趣旨を見て、裁判官が、「甲○号証は必要ですか」と釈明したのです。検察官は少し考えて、「撤回します」と言いました。また、裁判官が、「乙○号証は必要ですか」と釈明したこともありました。被告人は、冒頭手続で公訴事実を認めていました。ところが、乙○号証の立証趣旨は、「弁解状況」つまり、否認調書であったらしいのです。当然、検察官は撤回しました。どちらもまず、弁護人がきちんと対応すべきです。しかし、検察官、裁判官も、常に、必要のない証拠を法廷に出さないという意識は持ってほしいと思います。

⑩　検・要旨の告知

　要旨の告知は、書証一つごとに行われています。しかし、裁判員裁判では、「現場の状況」、「凶器の発見状況」など、複数の原証拠を統合して一つの報告書にするという取扱いがされています。要旨の告知も、この方が圧倒的に分かりやすいものです。裁判官裁判においても、統合捜査報告書を作成すべきとまでは言いません。ただ、複数の証拠をまとめた要旨の告知はあってもいいと思います。例えば、「甲2、3、4、5号証は、被告人の尿から覚せい剤成分が発見されたことを示すものです。○月○日、○で……」というのはどうでしょうか。

⑪　弁・証拠調べ請求

　「書面のとおり」と言われるのは、被告人、傍聴人にとっては不親切です。「～を立証するために、～を請求します」と言ってほしいと思います。採用

された書証の要旨の告知を聞いていても、情状証人の証言を聞いていても、何を立証しているのか、理解しにくいものが少なからずあります。証拠は事実を立証するものです。証拠調べ請求をするときには、「情状」とか「指導監督体制」ではなく、「保釈中、〜をしたこと」などのように、立証する具体的事実を明示するべきだと思います。そうすることで、「事実」を意識するはずです。

⑫　弁・情状証人尋問

「○さんが二度とこのような犯罪をしないように監督すると誓えますか」「はい」

ほとんどの弁護人が、このような質問で締めくくります。問題は、それまでの証言の中に、「監督すると誓う」という言葉が信用できることを示す「事実」が出ているかどうかです。少なくとも、「事件前は、〜していなかった」「事件のことを知って〜した」「そうしたのは、彼（彼女）の〜を信用しているからだ」というストーリーが必要だと思います。

情状証人には必ず何か具体的な行動をさせておくべきです。「話合い」でも、「相談」でも、「勉強」でも、何でも構いません。私は、「知ってなお、何を信じて、何をした」が、情状証人の根幹だと思っています。

⑬　弁・被告人質問

「二度とこのような犯罪をしないと誓えますか」「はい」

ほとんどの弁護人が、このような質問で締めくくっています。これも全く同様に、「しないと誓う」という言葉が信用できることを示す「事実」が出ているかどうかです。少なくとも「事件前はこうだった」「事件後、今日まで〜をした」という事実は不可欠です。

ところが、被告人質問を聞いていても、「事件後、今日まで何をしていたんだ」と首を傾けることが少なくありません。弁護人は、公判までに被告人に何かをさせていなければ駄目です。被告人質問を通じて、「どんな人が、どんな生活をしていて、何を、なぜして、今日までの間、何をしてきたか、そしてこれからどうしていくのか」という人間ドラマを示すべきです。

⑭　検・被告人質問

検察官として、目の前の被告人質問を聞くと、突っ込みたくなるという気持ちは分からないではありません。

しかし、聞きたいことを聞く場所ではありません。想定した論告があるはずです。そのために、必要な「事実」を獲得するための質問をすべきです。

更生のための努力を何もしていないというのであれば、「〜をしていない」という「事実」を聞くべきです。

⑮　裁・被告人質問

　執行猶予判決になるのが見えている事件において、裁判官は2通りに分かれます。弁護人の質問がどれだけ不十分でも、特に意に介さず何もしない裁判官。弁護人が聞かない「事実」を何とか収集しようとして、「〜したことはないか」「〜を考えたことはないか」など聞く裁判官。後者は、たとえ、公訴事実に影響しなくても、この裁判の感銘力を少しでも被告人に持ってほしいという思いがあふれています。手を抜いた弁護人が、裁判官に助けられていると思うと、情けないです。

⑯　検・論告

　「公訴事実については証明十分です。以下、情状について述べます」という決まり文句は仕方がないかもしれません。犯情、一般情状は一応意識されていますが、項目の羅列で終わっているのは残念です。裁判員裁判と同じように、同種事案の中における相対的な位置づけ、中間部類なのか、重い部類なのか、軽い部類なのか、重い部類だとするとそれはどうしてなのかに踏み込んでほしいと思います。本来、そうでなければ、求刑の根拠は出てこないはずです。

　また、「再犯のおそれが高い」というのであれば、被告人が「〜をしていない」という事実を指摘してほしいと思います。そうすることで、被告人、弁護人に、活動が不十分だったことを気付かせることになります。

⑰　弁・弁論

　「第1　総論　公訴事実に争いがない。第2　各論　有利な事情が多くある。犯情を羅列、一般情状を羅列。第3　総論　以上を総合すると……」という「古い書式」の弁論が、今なお、圧倒的に多いのは正直驚きです。今は裁判員裁判の時代なのです。

　「第1　総論」は不要です。「第2　各論」は数多く羅列するだけでは駄目です。何でも数多く指摘すればよいというわけではなく、「この事件において、重要なのはここ」という選択が必要です。羅列するだけではなく、その事実がなぜ量刑を軽くする事情になるのかを説明すべきです。「被告人は逮捕直後から一貫して罪を認め、全て正直に供述しています」というフレーズは今なおよく聞きます。しかし、当該事件で、本当にこのことが有利な事情として評価されるのでしょうか？

羅列して、「以上を総合すると」というのも駄目です。なぜ、それらの事実を総合すると、執行猶予が相当になるのか、という論理が必要です。

そして、裁判は、執行猶予を「お願いするもの」でも、「切望するもの」でもありません。法廷に示された「事実」が、被告人の量刑については、「刑の執行を猶予する」という判断が正しいことを示しているのです。

⑱　裁・判決

論告・弁論が多くの事情の羅列になっている最も大きな原因は裁判官だと思います。不利な事情として、検察官の指摘した事情を列挙し、有利な事情として、弁護人の指摘した事情を列挙し、「以上を総合して」と結論付けています。

しかし、これでは、裁判官がなぜその結論を導いたのかの論理も道筋も何も分かりません。また、検察官、弁護人の指摘した事情の中で、本当に判断の理由になった事情が何か、逆に言えば、判断の理由になっていないものは何かも不明のままです。裁判官は、検察官と弁護人の顔を潰さないように、判決を書いてきたのかもしれません。しかし、そのことが逆に、検察官、弁護人に何でも多く羅列しておけばいいという想いを持たせていると思います。

また、「被告人は反省している」と言っても、程度に差があるはずです。事実の裏付けのある場合は、「○○していることから反省していると認められる」、事実の裏付けのない場合は、「それなりに反省しているとうかがわれる」このような違いも示すべきです。

判決は、その言い渡しを聞いた被告人に、結論を導いた論理、道筋が分かるものになるべきです。そうすることこそ、被告人のための裁判になると思います。

4.　これから

久保　神山弁護士が、突然、傍聴席にいると、「何のために来ているのか」を気にする裁判官も多いと思いますがいかがでしたか。

神山　気にしているなと思ったときは、裁判の終わった後、裁判官を訪ねていきました。「他意はないこと」「裁判官裁判の現状を知るために見ていること」を伝えました。中には、「私の裁判はどうでしたか？」と聞かれて、話が弾んだこともあります。そこで、あるベテラン裁判官のもとへ行き、「こうい

う目的で傍聴しています」と知らせました。「神山さんが見ていると裁判官の刺激になる。傍聴する中で気づいたことがあれば教えてほしい」と言われましたね。

久保：これからの展望を教えてください。

神山：①〜⑱で述べたことは、ほとんどがいろいろな研修で言ってきたことです。それが全く根付いていないことに力不足を反省しています。ただ、そのままではいけないと思います。裁判員はいなくても、「見て聞いて分かる審理の実現」は、被告人のためにも傍聴人のためにもあるべき姿です。裁判官、検察官の中にも、このままではいけないと思っている人は少なくありません。そういう人たちと率直に話合いをして、少しでも良い方向へ向かう手立てを考えていきたいと思います。

　傍聴席に座って裁判を見て、私自身、初めて気付かされることが多くありました。若い人も、ぜひ他の弁護人の裁判を傍聴してほしいと思います。きっと勉強になります。私も、傍聴を続けていきたいと思っています。

久保　ありがとうございました。私自身も、弁護活動や研修講師の際に、今回お聞きしたことを更に心がけたいと思います。

第11章　裁判「官」裁判傍聴記　**237**

司法研修所で神山クラスだったみなさんにインタビュー！

神山啓史教官の教えと実践

▌三宅千晶さん (70期)

○神山教官との関わり

　私は、司法修習70期で神山クラスでした。弁護士になってから、神山先生とは、某窃盗、殺人、死体遺棄被告事件(控訴審)と、某強盗殺人の再審事件を担当しました。恩師であるとともに、事件の相談に乗ってくれる頼もしい先輩でもあります。

○神山教官の講義で一番印象に残っていること

　一番最初の講義の時、黙秘するかどうかは依頼者の判断に任せると発言した修習生に対し、「バッジをつける資格はない！」と一喝されたことです。

○神山教官から教わったことで、弁護士になってから実践していること

　とにかくまず、現場に行くことです。これはどんな事件でもやるようにしています。一緒に事件を担当してからは、全ての証拠を、穴が開くほど読むことの大切さも教わりました。

○神山教官から教わったことでほかの弁護士に伝えていきたいこと

　刑事弁護は面白い、人生をかけてでもやる価値がある、ということです。

○神山教官へのメッセージ

　神山先生が教官でなければ、私は刑事事件をやろうと思うことはなかったと思います。

　神山先生はいつも、あふれんばかりの笑顔で、ご自身がこれまでに担当した事件や現在担当している事件、そして刑事弁護の面白さを話して下さいます。そんな神山先生を見ると、「よし、私も頑張ろう」と奮い立つことができます。本当にいつも感謝しています。

菅野浩平さん(69期)

○神山教官との関わり

私は、司法修習69期4組クラスであり、刑弁教官が神山教官でした。

司法修習後に就職した事務所のボス弁は、元桜丘法律事務所の弁護士であり、ボス弁も神山先生の教え子です。

私は、弁護士2年目から4年目まで鹿児島県弁護士会に所属しており、鹿児島で大型の裁判員裁判を担当した際には、神山先生にご相談をさせて頂き、無罪判決を獲得できました。

東京に登録換えをした後には、神山先生、宮村啓太先生とともに、毎年(といっても私はまだ2回だけですが)鹿児島県弁護士会の法廷弁護技術研修の講師を担当させて頂いています。

また、私が裁判員裁判を担当する際には、神山先生に冒頭陳述や弁論をいつも見て頂いているほか、第二東京弁護士会が主催する法廷弁護技術研修や情状弁護研修の講師を神山先生と一緒に担当することもあります。

○神山教官の講義で一番印象に残っていること

神山先生が、私たちの目の前で(講義で扱った事件記録の)論告とペーパーレスの弁論を実演してくれたことが一番印象に残っています。お世辞ではなく、とてもかっこよかった。

私は、学生時代から、座学で教授らの話を真面目に聞きはしていたのですが、「色々理屈はわかるけれども、実際どうすればいいのか良くわからない」と思うことが多くありました。司法修習にはいっても「では、実際どうすればいいのか」という問に答えてくれる先生が少ない中、神山先生は惜しげもなく実演をしてくださり、「刑事弁護はこうやるんだ」と言われているような気持ちになりました。

実演をする日、神山先生が教室で「研修所にくる道中で、論告と弁論を練習してきました」「でも、論告は全部覚え切れたか自信がないから、紙を見るかもしれないけど許してください」と話す姿もとてもチャーミングで、好きでした。

○神山教官から教わったことで、弁護士になってから実践していること

「やってみる　人がわかるか　うなづくか」(神山啓史『五・七・五で伝える刑事弁護』現代人文社、2019年)でもいわれるとおり、神山先生から繰り返し言われた

記憶があるのは、「理屈としてわかる」ことと「共感・納得する」ことは別物なんだということです。

　どんなに理屈上「わかる」ケースセオリーを作ったとしても、そこに「共感・納得」がなければ、人の心は動かじ。そして、刑事弁護活動は実らず。

　今でも、ケースセオリーを考えるときは、理屈だけでなく、事実認定者が共感・納得を得られるケースセオリーを考えています。

○神山教官から教わったことでほかの弁護士に伝えていきたいこと

　たくさんある気がするけれど、もう少し自分の中で理解が追い付いて、教わったことが熟成するまで自分の中だけで「神山先生から教わったこと」を独り占めしておこうと思います。

○私の神山教官エピソード

　鹿児島県弁護士会での刑事弁護研修後、懇親会にて事件記録のケースセオリーについてＡ説とＢ説のどちらがより良いケースセオリーか、という話題になりました。

　私は絶対にＡ説が良いケースセオリーだと思っていたのですが、その場では、Ｂ説を支持する先生が多い状況でした。他方、神山先生に意見を聞くとＡ説を支持していましたので、私は調子づいて「もしも、弁護団を組むとして、Ｂ説のケースセオリーを採用して弁護をするとしたら、私は納得できなくて弁護団を抜けるかもしれない」と軽口をたたいてしまいました。

　すると、神山先生は、「菅野くん。それは良くない。」と真剣な顔で言われました。

　続けてこう言いました。

　「これから、君は３人の裁判官と６人の裁判員を説得しなきゃいけないんだよ。自分の説が正しいと思うなら、自分の弁護団を説得しないといけない。まずはそこからだよ。そうじゃなきゃ、裁判官や裁判員は説得できないよ。」

　私は、自分の発言を恥じるとともに、「ああそうか、そうだよな」と心の底から納得しました。

　その後、私は実際に弁護団を組んで、刑事弁護をすることがありましたが、そのときの弁護団会議の度に、神山先生のこの話を思い出します。

佐々木さくらさん(69期)

○神山教官との関わり

　実は、ロースクール在学中から、桜丘法律事務所の神山ゼミに何度かお邪魔したことがありました。また、修習では、神山教官クラスでした。

　最近は、先端的弁護による冤罪防止プロジェクトでお願いをした事件のアドバイザーとしてお世話になっています。ゆくゆくは弁護人として一緒に事件をやらせていただきたいです！

○神山教官の講義で一番印象に残っていること

　弁論の実演！

　修習生のときに初めてペーパーレスの弁論に触れて衝撃を受けました。

○神山教官から教わったことで、弁護士になってから実践していること

　黙秘を徹底すること。

　公判前整理手続は弁護人が主導すること。

○神山教官から教わったことでほかの弁護士に伝えていきたいこと

　常に謙虚であること。

　規則正しい生活を送ること(神山先生は朝はいつものカフェで朝食、歩いて日弁連へ、裁判傍聴、仕事をこなして、夜はなじみの銭湯へ行かれているとのウワサです……)。

○神山教官へのメッセージ

　神山先生は、裁判官や検察官の頭の中を覗いたかのように相手の考えを的確に予想されています。だからなのか、彼らから理不尽な対応をされても、やっぱそう来たか！　と少し笑って、紳士的に強烈なカウンター攻撃を繰り出します。

　ご相談に乗っていただいている事件で、裁判所と検察官からひどい対応をされたときにそう感じました。

　私は、理不尽な対応をされたときは、とにかく怒りが真っ先に来てしまいます。しかし、笑って受け止めて、冷静に対処される神山先生のご対応がかっこよく、真似できるようになりたいと思いました。

　神山先生が動じないのは、きっとこれまでにたくさんの理不尽に直面されて

きたからなのではないかと思います。後進の育成に情熱を注がれていらっしゃるのも、日本の刑事司法を変えたいというお気持ちの現れなのではないかと推察します。少しでも、ご恩を返せるように頑張ります！ もし良いご報告ができるようなことがあれば、ぜひ月島のもんじゃ屋さんに一緒に行ってください！

▌田中 翔さん(69期)

○神山教官との関わり

私は、司法修習69期で、神山先生が刑弁教官のクラスでした。ロー生の頃に刑事弁護フォーラムの若手ゼミに参加しており、神山先生のことは一方的に存じ上げていましたが、実質的には司法修習が神山先生との初めての出会いでした。

刑事弁護教官の神山先生は修習生のことは覚えないと宣言していましたが、弁護士になってお会いしてみると、私が神山クラスにいたことを覚えていてくださり、時折事件のことを相談させていただいたりしていました。そして、ついに、2年ほど前から、私が担当している自動車運転過失致死の否認事件に先端的弁護による冤罪防止プロジェクトのアドバイザーとして神山先生が入ってくださり、一緒に事件をやらせていただく機会に恵まれました。

○神山教官の講義で一番印象に残っていること

導入修習に模擬冒頭陳述を実演してくださったことです。神山先生が語るストーリーに引き込まれていき、刑事弁護の面白さの一端を垣間見ると共に、ボロボロになっていた手書きの冒頭陳述の原稿に、刑事弁護のプロとして凄さを感じました。

○神山教官から教わったことで、弁護士になってから実践していること

被疑者・被告人の話をとにかくよく聞くことです。接見で繰り返し本人の話を聞くことで、弁護活動を行っていくための様々なヒントを得られるように思います。自信を持って弁護活動を行うためにも、依頼者本人の話をよく聞くことはとても大事だと感じています。

○神山教官から教わったことでほかの弁護士に伝えていきたいこと

事件への取り組み方です。証拠を隅から隅までよく読み、自分の控えを作っ

て検討し、誰よりも事件について深く考えるその事件への取り組み方は刑事弁護に携わる全ての弁護士に伝えていくべきだと思います。

○神山教官へのメッセージ

「上訴審などで尊敬する弁護士に自分の活動を見られても恥ずかしくないような弁護活動をする」という神山先生の言葉をよく思い出しています。依頼者のため、十分に考え、熱心に弁護をすれば、おのずとそうなると思いますが、手を抜かない、一生懸命に取り組むという基本的なことを常に思い出させてくれます。研鑽を怠らず、事件にも研修にも常に全力で取り組む神山先生の姿をこれからも追いかけていきたいと思っています。

神山先生にアドバイザーとして入っていただいている事件で、無罪になったら月島でもんじゃを食べる約束をしています。月島で神山先生に焼いてもらったもんじゃを食べるためにも、一緒に無罪を取りたいです。

┃ 鵜飼裕未 さん(70期)

○神山教官との関わり

ロースクール生だった頃から神山ゼミに参加していました。

修習の刑事弁護教官が神山先生でした(三宅さん、戸塚さんと同じクラスでした)。

弁護士3年目の頃に受任した傷害致死被告事件で国選の2人目に入っていただき、裁判員裁判をご一緒しました。

今も死刑事件の再審弁護団でご一緒させていただいています。

○神山教官の講義で一番印象に残っていること

依頼者に選択肢を示すだけで弁護士としてどの選択肢を取るべきと考えるのかを言えないのであれば弁護士バッジを外すべきだというお話です。

○神山教官から教わったことで、弁護士になってから実践していること

接見のときの取調べ対応のアドバイスの時も、選択肢の説明をした上で、必ずどうするのが良いと考えるかをはっきりと伝えるようにしています。

○神山教官から教わったことでほかの弁護士に伝えていきたいこと

相談するということです。

神山先生には、幾度となく自分が担当している事件のご相談をしてきました。
いつも嫌な顔を一つせずに相談に乗ってくださいます。

ご相談することで毎回悩みがすっと消えます。

神山先生から若手は相談することを躊躇するから、相談するということを後輩に引き継いでいくようにと言われています。

○私の神山教官エピソード

神山先生と裁判員裁判をご一緒したとき、神山先生はいつもニコニコしながら、裁判官・検察官とも積極的にコミュニケーションをとっていました。

公判前整理手続期日も、神山先生が中心に進めていました。

統合の作成も、神山先生が検察庁に赴き、検察官と話をして、神山先生が中心に進めていました。

神山先生が持っている裁判のイメージに向かって全てが進んでいきました。

神山先生は、事件についてのメモを白い紙にシャープペンシルで書いています。

そのメモを紐で閉じたものに、その事件の全ての情報がまとまっています。証拠についてもまとまっていて、例えば創傷部位はイラストを交えて記載されています。

事件について何を質問してもそのメモに書いてあることに驚きます。

○神山教官へのメッセージ

神山先生がかけてくださる言葉にいつも背中を押されます。いつもありがとうございます。神山先生の教え子として胸を張ることのできる刑事弁護を続けていきたいと思います。

▎戸塚史也さん（70期）

○神山教官との関わり

ロースクール時代から、何度も神山ゼミに参加していました。

修習で運よく神山クラスに。

その後、弁護士になってからも事件の相談をしたり、一緒に研修講師をやらせていただいたりしています。

神山ゼミに参加していた学生時代には少しこわいと思っていた神山先生は、今では見ただけで安心できる存在です。

○神山教官の講義で一番印象に残っていること

　神山先生の講義では、ご自身が弁論などの実演をしてくれます。

　緊張感のある空気の中、フッと息を吐いてから話し始める神山先生の姿は、今でも憧れの刑事弁護人の姿として瞼の裏に焼き付いています。

○神山教官から教わったことで、弁護士になってから実践していること

　とにかく初回接見は早く行く。そのために、当番待機日にはすぐに行けるスケジュールにしておく。

　そして、原則黙秘を徹底する（今は、取調べ拒否も実践しています）。

　私の初めての無罪事件は、当番要請から30分後に警察署に行きとりあえず黙秘を指示して、作成された調書は0通でした。

○神山教官から教わったことでほかの弁護士に伝えていきたいこと

　刑事弁護は辛くも楽しい、人生を捧げる価値のある仕事であるということ。

○神山教官へのメッセージ

　刑事弁護をやっていると思うようにいかないことも沢山あるけれど、自分がしているような苦労は神山先生も過去に経験しているはずだと思うと、勇気と元気が出てきます。

　いつまでも謙虚で、いつ誰に対しても明るく接する神山先生の姿勢に、いつも見習わなければと思わされます。

　「戸塚はおれの教え子なんだ」と、明るい笑顔でずっと言い続けてほしいです。神山先生が嬉しそうにそう話せる刑事弁護人になりたいと思います。

教え子へのメッセージ

神山啓史

　教官になった時、どうやって教えようか悩みました。

　自分は、あこがれの先輩の文章、尋問、立居振舞をまねて学びました。
　自分のできることは、自分の姿を見せるだけだと思いました。
　事情聴取、尋問、冒頭陳述、論告、弁論、「私ならこうする」と言って見せました。
　それが伝わっていたんだと思うと、本当にうれしい。

　教官の仕事は本当に楽しかった。
　「楽しかった仕事で、うれしい結果がでる」
　こんな幸せなことはありません。
　今も『五・七・五で伝える刑事弁護』の冒頭と巻末の２句のとおりです。
　君たちは、「腕磨き　感じ腑に落ち　伝え継ぐ」
　私は、「仕事して　今昔語り　姿見せ」です。

本書のむすびにかえて

シンプルさは究極の洗練である

虫本良和　弁護士

　神山啓史弁護士から学んだことは「シンプルであれ」ということ。

　神山啓史はとにかくシンプルである。服装もシンプル、私生活もシンプル、そして、人に伝える言葉もシンプルである。優れた弁護活動を行うための技術や精神を、五・七・五のたった17文字で言い表した「神山川柳」はその象徴である。川柳は名作揃いだが、冒頭陳述の目的を詠んだ「なるほどね　それがそうなら　そうだろう」や、最終弁論の理想を表現した「共に見て　共に考え　共に着く」などは、実際に法廷に立ち、冒頭陳述や最終弁論を行うたびに、その奥深さを再認識させられる秀逸な作品である。

　神山弁護士の言葉は、シンプルであるが、決して「簡単」に選ばれているわけではない。手を抜かず、誰よりも時間をかけて考え抜く。その上で、それを相手に伝えるときには、余計な情報をそぎ落とし、見極めた本質だけを届ける。だから、心を打つ。

　本質を見極める力は、刑事弁護を行うために欠かせないものである。2008年、弁護士1年目の私は、「公設弁護人事務所」のパイオニアである櫻井光政弁護士が所長を務める桜丘法律事務所に入所し、神山弁護士の師事を受ける中で、そのことを学んだ。

　桜丘では、月に1回、新人が、担当する刑事事件を先輩弁護士達に報告する拡大弁護団会議のような勉強会が開催され「神山ゼミ」と呼ばれている。当時の自分を含め、新人の事件報告は得てして「わかりにくい」。例えば、正確に報告しようとするあまり不要なディテールまであれこれ説明してしまう。あるいは、何が争点かといった基本的な情報も共有されないまま、いきなり困りごとのクライマックスを熱弁して「どうすればいいでしょうか！」などと訴え、周囲も困ってしまうということになりがちである。

　神山弁護士は、ゼミの司会を務めながら、新人の報告に絶妙なタイミングで介入してくれる。そして、不思議なことに、神山弁護士の介入によって、「混

沌」としていた事件報告の内容がシンプルになり、勘所が浮かび上がってくる。自分が報告者を務めた際も、神山弁護士と対話する中で、初めて自分の抱えていた悩みの本質がクリアになっていくという体験を何度もした。事件の勘所や悩みの本質が共有されることで、他の参加者も、報告者に対して最適な助言(あるいは叱咤激励)を与えることができるようにもなる。今も続く桜丘の伝統である神山ゼミの「肝」は、本質を見抜く神山弁護士のファシリテートにあるのだと思う。

　私は、2022年から、司法研修所の刑事弁護教官を務めている。2014年から4年間教官を務めた神山弁護士は、指導者としての偉大な先輩でもある。神山弁護士が、刑事弁護を志す若い法曹に伝えるメッセージもまたシンプルである。それは、刑事弁護人として「技術を磨け」「磨いた技術を使え」、そして「技術を後世に伝えよ」である。神山弁護士は、自らそれを実践し続けている。
　神山啓史から学んだことを、私も後世に伝え続けていきたい。

（むしもと・よしかず／第61期／千葉県弁護士会）

◎編著者プロフィール

神山啓史（かみやま・ひろし）

　1955年生まれ。中央大学法学部卒業。司法研修所第35期修了。1983年弁護士登録（第二東京弁護士会）。季刊刑事弁護編集委員（1995年～2005年）。2014年～2018年司法研修所教官。主な著作に『刑事弁護の基礎知識』（共著、有斐閣、2015年）、『五・七・五で伝える刑事弁護――その原点と伝承』（編著、現代人文社、2019年）などがある。

◎神山啓史弁護士の弁護の「技」を伝承する会

宮村啓太（みやむら・けいた）

　1977年新潟県生まれ。2000年司法試験合格。2001年中央大学法学部卒業。司法研修所55期修了。2002年弁護士登録（第二東京弁護士会）。2002年あさひ法律事務所入所。2020年宮村・井桁法律事務所開設、現在に至る。

　主な著作に、『事例に学ぶ刑事弁護入門――弁護方針完結の思考と実務』（民事法研究会、2012年、補訂版2018年、単著）、『実務に活かす Q&A 平成28年改正刑事訴訟法等のポイント』（新日本法規出版、2016年、共著）、『刑事上訴審における弁護活動』（成文堂、2016年、共著）などがある。

高津尚美（たかつ・なおみ）

　1982年東京都生まれ。2004年早稲田大学法学部卒業。2005年司法試験合格。司法研修所60期修了。2007年弁護士登録（第二東京弁護士会）。2007年都内法律事務所入所。2011年三吉橋法律事務所開設、現在に至る。

髙野傑（たかの・すぐる）

　1983年神奈川県生まれ。2006年法政大学法学部卒業。2008年中央大学法科大学院卒業。2008年司法試験合格。2009年司法研修所新62期修了。2009年弁護士登録（第二東京弁護士会）。2009年都内法律事務所入所。2022年早稲田リーガルコモンズ法律事務所参画、現在に至る。

神山啓史流あきらめない弁護術
伝承していく刑事弁護

2025年3月25日　第1版第1刷発行

編 著 者　神山啓史
編 集 協 力　神山啓史弁護士の弁護の「技」を伝承する会
発 行 人　成澤壽信
発 行 所　株式会社現代人文社
　　　　　〒160-0004　東京都新宿区四谷2-10　八ツ橋ビル7階
　　　　　Tel: 03-5379-0307　Fax: 03-5379-5388
　　　　　Web: www.genjin.jp
発 売 所　株式会社大学図書
印 刷 所　精文堂印刷株式会社
装 幀　加藤英一郎

検印省略　Printed in Japan
ISBN978-4-87798-879-1　C2032
ⓒ 2025 Kamiyama Hiroshi

JPCA
日本出版著作権協会
http://www.jpca.jp.net/

本書は日本出版著作権協会（JPCA）が委託管理する著作物です。
複写（コピー）・複製、その他著作物の利用については、事前に
日本出版著作権協会（電話03-3812-9424, e-mail:info@jpca.jp.net）
の許諾を得てください。